歴史文化ライブラリー
308

イングランド王国前史

アングロサクソン七王国物語

桜井俊彰

吉川弘文館

目　次

かくして彼らはやって来た―プロローグ …………………… 1
ＳＯＳを発信したブリトン人／ブリテン島の先住民たち／「長城」を築いたローマ人／洗練された時代の終焉／イギリス版『古事記』『日本書紀』／傭兵アングロサクソン人／そして、七王国が成立

ケント王国

サイソン対アーサー …………………… 26
肥沃なケント／満を持して叛旗／指揮官アーサー／サイソンとカムリ

覇王エゼルベルト …………………… 36
ほろ苦いデビュー戦／八人の覇王／ローマの遺産

天使の島に来たキリスト教 …………………… 43
「輸出品」は奴隷／売られていた天使たち／大伝道団、ケントへ／リーダーとしての改宗

永遠の「首都」カンタベリー……52
王、即ち戦士／教会勢力の「奮闘」／王の妹ノーサンブリアへ／今もイギリスの中心

イーストアングリア王国

飛び込んできた「窮鳥」……62
エゼルベルト後を待つ／反キリストを旗印に／立ちふさがった北の強敵

乾坤一擲、アイドル川……70
夫を動かした妻の叱咤／アイドル川での勝利／四番目の覇王レドワルド／キリスト教徒の王たち／弱くなっていく王国

サトン・フーの船に眠っていた王国……80
伝承の船葬を再現した塚／埋葬者はレドワルドか／甦るベーオウルフの世界

ノーサンブリア王国

エドウィンの大逃避行……90
デイラとバーニシア／エドウィン脱出／カドヴァン王の厚遇／マーシアの王女を娶る／強運と人の心を摑む魅力

平和を実現したブレトワルダ……100
ノーサンブリア王国／ケントのエゼルベルガと結婚／刺客エウメル／五番目の覇王エドウィン
もしも確かさを教えてくれるのなら……109
教会勢力のターゲット／改宗へ揺れる心／広間を飛び抜ける雀
ノーサンブリア王国の春秋……118
エドウィン討たれる／六番目の覇王オスワルド／ペンダの最期／七番目の覇王オスウィ

マーシア王国

辺境の王国マーシア……130
悪く書かれた王国／典型的な戦士王ペンダ／一番遅く改宗した王国／ローマの土になった二人の王
覇王になれなかったオッファ……139
ロンドンを獲る／毒婦エアドブルフ／シャルルマーニュと互角に／全アングル人の王
栄光と、夢の跡……149
長大なオッファの防塁／敵と合意して造られた?／デーンとの死闘／後を

ウェセックスに託して

ウェセックス王国

幕末のアルフレッド大王……160

万世一系の英王室／ウィンザー家はドイツから／エピソード満載の大王／「餅」を焦がして叱られる

山あり谷ありのエグバートまで……169

王国の祖セルディック／押しつけられたキリスト教／王位継承者はケント王の子／八番目の覇王エグバート／デーンとの戦い始まる

お騒がせな父親と頑張った息子たち……179

王位をリレーした四兄弟／十二歳の花嫁を連れ帰った父／お家騒動起こる

そして、イングランド王国へ……188

軍人アルフレッド／危機一髪、窮地を脱出／大一番のエディントン／イングランドの統一

二十一世紀に続く七王国―エピローグ……197

精神性を深めた四百年間／普遍的ヒューマニズムへ／イギリスはアングロサクソンの国か／多彩な人が来たイングランド／七王国は今も活力の泉

あとがき
参考文献
年　表

かくして彼らはやって来た——プロローグ

SOSを発信したブリトン人

紀元四四三年のことです。ブリテン島の住民、ブリトン人（Britons）はローマに救援を求めました。これで三度目の軍団派遣の要請です。

——この前のときも、そしてその前も、ローマは我々の要請に応えて、二度、軍団を送ってくれた。そして、あの獰猛《どうもう》なピクト人（Picts）を追い払ってくれた。今度もきっと、きっとローマ兵はやって来る。そして、連中をまた北に、あの長城のはるか北に追いやってくれるだろう——

しかし、ブリトン人たちの三度目を期待する切実な予想は、今回は見事に外れました。ローマは援軍を断ってきたのです。自分たちは今それどころではない。フン族のアッティラとの戦いで、もう手いっぱいなのだ、と。

ブリトン人たちは悲痛な面持ちで、このローマからの返事を受け取りました。

――どうしよう。あの、体中を気味悪い色で塗りまくった猛々《たけだけ》しいピクト人の攻勢に、とても我々だけでは持ちこたえることはできない。以前の我々だったら、あんな連中はどうってことはなかった。しかし、我々は輝けるローマの文明に浴してしまった。我々の仲間のかなりの者は、ローマの市民権さえ享受してきた。これから、もう一度勇猛な「ケルトの戦士魂」を奮い立たせて、ピクトの連中と剣を交えるのは、山奥に引っ込んで昔同様の武骨な暮らしを営んでいる我々ケルトの他の部族の者ならいざ知らず、ローマ人の隣人として暮らしていた都会派親ローマケルトにとっては正直、きつい――

深くため息をつき、ブリトン人たちはピクト人の南下・侵入におびえながら、防衛策を懸命に模索していました。そして、ついにある考えが、ブリトン人の首長ウォルティゲルンの頭の中に浮かびあがったのです。

――こうなったら、あのゲルマンの蛮族、サクソン人にピクト人をやっつけてもらうしかない。夷狄《いてき》をもって夷狄を制す、だ――

かくして、ウォルティゲルンの使者は海を越え、ユトランド半島の地、現在のデンマー

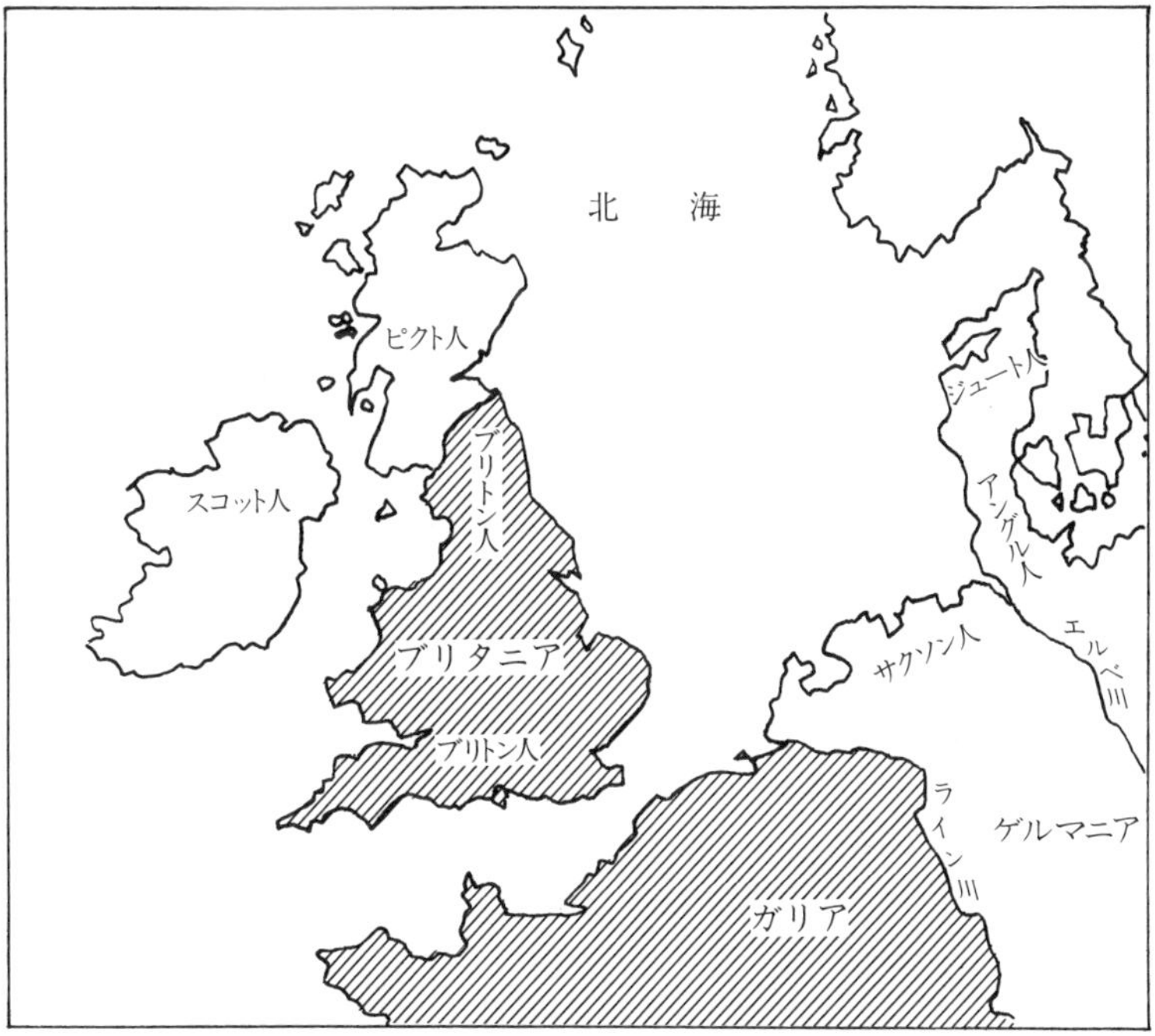

図1　ローマ期のブリタニアと大陸（斜線部はローマ帝国領を指す．トレヴェリアン著，大野真弓監訳『イギリス史』1〈みすず書房，一九七三年〉掲載図を修正）

クの地に向かいました。そこはサクソン人（Saxons）、アングル人（Angles）、ジュート人（Jutes）といったゲルマン民族の一支族たち、すなわち今日、アングロサクソン人（Anglo-Saxons）と総称される民族の本拠地だったのです。

そして、紀元四四九年。ブリトン人の救援要請に応えて、その地からヘンギストとホルサという名の首長兄弟が、三隻の船にアングロサクソン戦士を満載して、ピクト人をやっつけるため、ブリテン島に上陸しました。現在のイングランド南東部ケント州のサネット島付近とされています。

これが、この本でこれから語っていくことになるアングロサクソン人の、伝えられるところによるブリテン島渡来のいきさつです。つまり、ブリテン島の住民ブリトン人のSOSが、アングロサクソン人がこの島へ移住してきたそもそもの始まりだったのだ、と。

ブリテン島の先住民たち

ここで、ちょっと説明が必要です。まず、ブリトン人って何でしょう。ブリトン人とは、アングロサクソン人がブリテン島に移ってくる前から住んでいた人たち、つまりこの島の先住民でした。彼らは人種としてはケルト人（Celts）であり、ローマ人がブリタニアと呼ぶこの島の住民であることからブリトネス、つまり「ブリトン人」という名称が生まれたのでした。

もとはといえばブリトン人も、始めからこのブリテン島に住んでいたわけではありません。ケルト人はギリシア人からは「ケルトイ」、ローマ人からは「ガリー」と呼ばれ、広くヨーロッパ大陸一帯に住んでいました。ブリテン島へは、早くは紀元前七世紀頃から冒険的なケルトの戦士団が大陸から移住し始め、紀元前三世紀頃からは、今日のベルギー付近に住んでいたケルトの一部族であるベルガエ人（ベルギー人）が、海を渡りケントやエセックス地方に定住したのが本格的な移住とされています。その後、ブリトン人はイングランド地域からウェールズへ、そしてブリテン島の全域に広がっていきます。ローマ時代、ブリテン島には三十程度のブリトン人の部族があったといわれています。

では、今度はそのブリトン人たち、首長ウォルティゲルンたちが恐れていたピクト人とは一体、何者だったのでしょう。残念ながらピクト人については、ほとんどが謎のままです。確かなことは、彼らがケルト人のブリテン島到来の前からこの島の北部、今日のスコットランド地域やオークニー諸島などに定住していたということです。

一説ではピクト人もケルト族で、ウェールズ語やコーンウォール語と同じPケルト語と呼ばれる言葉を話していたともいわれます。が、反対に、インド-ヨーロッパ語（ケルトの言葉もそうです）と定義されるどの言語にも属さない言葉を使っていた、全く未知なる

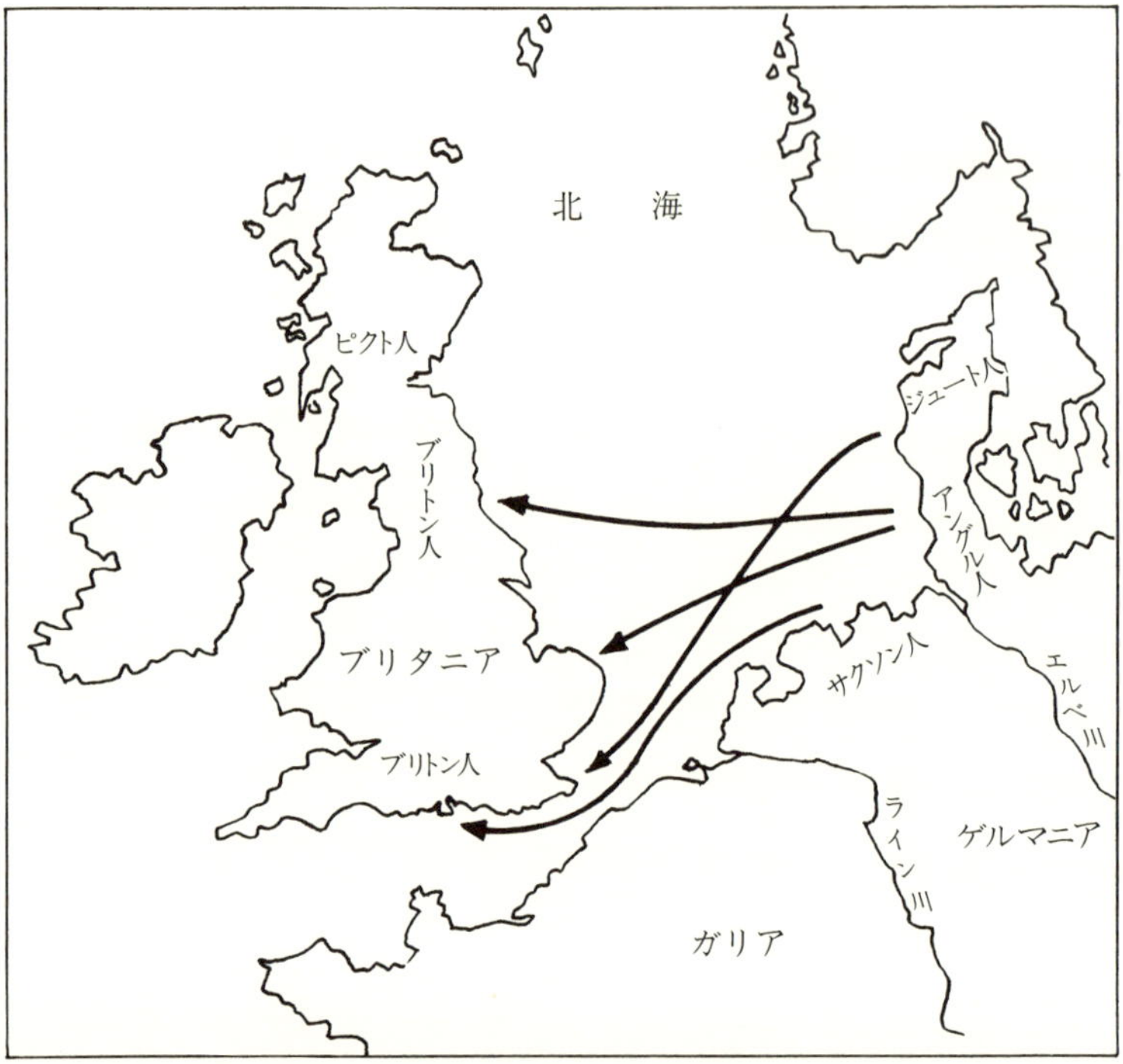

図2　アングロサクソン人の移動ルート

民族とも、あるいはケルト人や非インド-ヨーロッパ語族との混合ともする説もあり、早い話が何一つわかっていないミステリアスな、ゆえに学者たちの言いたい放題の人々といったほうが、まあ正解でしょう。

ピクトという名前はローマ人の命名によるもので、ラテン語で「体に色を塗る」という意味です。ともあれ、その彩色したピクトの戦士たちのおどろおどろしい様相が、彼らと対峙した者たちから相当に気味悪がられ、恐れられただろうとは容易に想像できます。

「長城」を築いたローマ人

ローマ帝国は、このピクト人たちをブリテン島の北部でしっかりと抑えていました。ご存知のように、かつてブリテン島はローマ帝国の一部でした。それもスペインのような属州ではなく、ローマ皇帝が自ら治める皇帝直轄領だったのです。これは、ガリア（今日のフランス）やゲルマニア（今日のドイツ）など、ヨーロッパ大陸のケルト人やゲルマン人を背後から牽制するという地理的・軍事的意味でブリテン島がローマにとって重要だったことが大きな理由でした。でも、それ以上にローマ皇帝にとっては、ブリテン島が鉱物資源や奴隷、ウール、穀物の供給地としてとても大きな魅力があったため、自らが治める地としたのです。ローマ皇帝は、帝国内の最大の権力者であると同時に最大の資産家、もしくは最大の資産家であろうと煩悩を大いに発揮したため、蓄財に余念がありませんでした。

そもそも、この豊穣なブリテンの地に初めて遠征してきたローマ人は、将軍カエサル（シーザー）でした。彼は皇帝になる前の紀元前五五年と五四年、二回にわたるブリテン島遠征を行い、ローマのブリテン島支配の基礎を築きます。その後、紀元四三年にローマ皇帝クラウディウスが五万の大軍を率いてブリテン島に遠征し、戦車を繰り出して挑んでくるブリトン人の必死の抵抗を打ち破り、この島の大半を征服します。そして、このときよりブリタニア、すなわちブリテン島はローマ皇帝の直轄領になるのです。

しかし、ローマに支配されたとはいえ、北部の先住民の抵抗には依然敵意に満ちた激しいものがありました。そこで、ハドリアヌス帝（在位一一七―一三八）はブリテン島を訪れた際、彼らの侵入・南下を防ぐ「壁」を着工させました。これが英国史上名高い「ハドリアヌスの長城」（Hadrian's Wall）で、イングランド北部のニューカッスルからボウネスまで、全長一一六キロの長さで一気にブリテン島を東西に横切っている城壁です。もちろんその遺構は現在でも要所で見ることができます。なかなかのものです。記録によれば、「長城」は平均で厚さ三・五メートル、高さ七メートル、一・六キロごとに櫓《やぐら》を設け、壁の北側、つまり先住民側には幅一〇メートルの壕《ほり》が掘られ、全延長で合計一万五千人のローマ兵守備隊が駐留し防衛の任についていたといわれています。

　また、ハドリアヌスの次のローマ皇帝、アントニヌス・ピウス帝（在位一三八―一六二）は、ハドリアヌスの長城のさらに北、現在のエジンバラ市を臨むフォース湾から西に一直線、クライド湾を結ぶ五〇キロにおよぶ新しい防塁「アントニヌスの長城」を築きます。

図３　ハドリアヌスの長城

長城が二重構えであったわけで、これら二つの長城は北からの侵入者をそこそこ抑えました。少なくともローマ帝国に勢いがあった間は。

　そして、ローマがブリテン島の力強い保護者であった間、かつてローマ人が侵入してきたとき激しく戦ったブリトン人たちも、ローマがもたらした絢爛《けんらん》たる文明の恩恵にあずかっていきました。ローマ人が持ってきた建築、芸術、法律、そして有力者の郊外の華麗な館を中心に行われた大規模な農業経営（ヴィラ経営）。そういったローマ的なものを、ローマ人たちと隣接して暮らすブリトン人たちは積極的に吸収し、自らのものにしていきました。

中でも、ローマ人を通じて入ってきたキリスト教はブリトン人たちに強い影響を与えました。キリスト教は二世紀末までに、ローマ軍人や商人がブリテン島に持ち込んだと考えられています。もちろん、キリスト教は三一三年のコンスタンティヌス帝による公認までは非合法でしたので、ブリタニアではブリトン人の間に殉教者に関する伝説も残っています。しかし、公認されて後は、キリスト教はブリトン人の間で急速に広まり、やがて大陸の宗教会議にブリテン島の司教が出席し重要な役割を担うようになります。

たとえば、「セント・パトリック・ディ」で有名なアイルランドの守護聖人パトリックは、四世紀中頃ブリテン島南西部のキリスト教徒の家に生まれたブリトン人です。パトリックは少年の頃、アイルランドから来た奴隷狩りのスコット人海賊によってアイルランドに連れ去られたのですが、その後脱出して大陸のガリアに向かいました。その地で聖職者となり、再びアイルランドに赴き、キリスト教の布教に努めたのです。

洗練された時代の終焉

こうした、栄光ある「ローマン・ブリテン」の時代も、ついに終わりが来ます。五世紀初め。ローマ帝国の防衛線だったライン川の守りが崩れ、ゲルマン諸民族がローマ人の聖域だったガリア地方に一気になだれ込みます。

こうなると、ローマはもうブリテン島の維持管理どころではなくなってきます。そして、ついにゲルマンの西ゴート族が本丸のローマ市に乱入する事態も起こります。また、その少し後のことですが、ローマ市はゲルマンのヴァンダル族にも一時期侵入・占拠され、破壊と略奪の限りを尽くされます。

英語にヴァンダリズム（vandalism）という言葉があります。芸術品や公共物を壊す野蛮行為の意味で、これはこのときのヴァンダル人から来ています。少し前、酔っ払った若者たちがルーブル美術館に侵入し、モネなどの絵画を傷つけたことがありました。このときある英字紙の見出しが、「ルーブルを若者がヴァンダルした」とあり、ああこういう使い方をするのかと、歴史と言葉の関係を見る思いがし、ルーブルにはとんだ災難ですがちょっと面白い気がしました。

一方、ブリテン島の長城から北の状況も激動の様相を見せてきます。ここにはブリテン島の西隣のアイルランドから渡ってきたスコット人と呼ばれるケルト人たちが続々と定住を始めます。ブリテン島の北部がスコットランドと呼ばれるのは、彼らアイルランドから来たスコット人に由来しています。スコット人たちは、先住のピクト人やローマに屈しない北部のブリトン人たちと抗争を繰り返しながらも、次第に融合しつつ、やがて六世紀初め、スコットランドに成立するダルリアダ王国の基礎を築いていきます。つまり、長城の北には、南下を狙う勢力が大きく膨らみつつありました。

本国の守りもおぼつかないときに、ブリテン島の北でいよいよ高まる脅威。四一〇年、とうとうローマはブリテン島を放棄します。カエサル以来、およそ四百年にわたるローマ帝国のブリテン島支配はここに終わりを告げたのでした。それはまた、ブリトン人にとって、とくに辺境の地ではなくローマ人を隣人として暮らしていたブリトン人にとっては、洗練され、便利で豊かだった文明を享受できた「よき時代」の終焉《しゅうえん》でもあったのです。

ローマ人はブリテン島から去りました。けれども、奇妙なことですが、ほんの短い間、時間にして半世紀ばかりでしょうか。ブリトン人たちは従来通りの、ローマ人がいたときのようなローマ風の、いや、ローマそのものの生活を送っていました。今まで通り市民集会を行い、ヴィラ経営を行い、道路の補修や上下水道の敷設を行っていました。それは、たぶん、そう過ごすしかなかったのだと思います。ローマ人の影響を受けた地域にいたブリトン人たちにとっては。

もちろん、それで悪いはずは全くありません。このまま平和であれば、ずっとそれでよかったのです。しかし、結局、そうはいきませんでした。ローマ軍という重しが外れたいま、長城の北側に押し込まれていた「彼ら」が、本格的に動き出します。ピクト人、そして新たに加わったスコット人。続々と南へと侵入を開始してきたのです。

ローマ化していたブリトン人たちは困難に直面しました。撤退したとはいえ、ブリトン人にとって、ローマはやはり頼れる庇護者です。ブリトン人たちはローマに救援を求めました。一度、二度と。そしてローマは二回とも、かつての支配地に兵を送ってきてくれました。そして、一時的ですが、ピクト人たちを追い返してくれました。さすがローマでした。しかし、ついに三度目の救援要請は叶わなかったのです。ローマ帝国自体が崩壊直前でした。

イギリス版『古事記』『日本書紀』

ところで、ブリトン人の首長ウォルティゲルンです。この人は、ウェールズの王国の一つであるポウイズの王家の始祖ともいわれています。ポウイズは、アングロサクソン人も侵入できなかったウェールズの中部に七世紀初め頃成立するブリトン人の王国です。

ウォルティゲルンやブリトン人の古老は、かつてカエサルたちローマ軍がブリテン島に侵攻してきたときの戦い方を、たぶん先祖から聞かされ知っていたのでしょう。カエサルは、仲の悪いブリトン人の部族同士の一方の味方になり、その後ろ盾となってもう一方を攻めさせるという戦法をよく用いました。ケルト人は、よく指摘されている点ですが、国家みたいな強力な中央集権体を作ることはありませんでした。部族間の連携は保ったものの、つながりは緩慢でした。

夷狄《いてき》をもって夷狄を制する。このローマのやり方を、ウォルティゲルンは実行に移したのです。この場合の一方の夷狄はアングロサクソン人で、彼らを取り込んでやっつけるべきもう一方の夷狄、すなわちピクト人に当たらせる。そういうわけで、ヘンギストとホルサは戦士を連れて四四九年、ブリテン島にやってきたのです。

しかし、ほんとうにこれが、アングロサクソン人のブリテン島への初上陸、ブリトン人の前への初見参だったのでしょうか。

ウォルティゲルンがピクト人を退治してもらうために、アングロサクソン人をブリテン島に招き、その結果ヘンギストとホルサの兄弟がやってきたという話は、『イングランド人民の教会史』（*The Ecclesiastical History of The English People*）と、『アングロサクソン年代記』(*The Anglo-Saxon Chronicle*)という書物に記されています。

前者の『イングランド人民の教会史』は、イングランド北部に成立したアングロサクソン七王国の一つであるノーサンブリアに住んでいた修道士ベーダ(六七二—七三五)が、七三一年に上梓した書物です。タイトルに教会史とあるように、本書は、イングランドの地に入ってきたキリスト教が広がっていく様子や、聖職者たちの動向が中心ですが、それ以上に、同書にはイングランド各地に成立したアングロサクソンの各王国についての、またそれら国王についての多彩な事件や挿話が記されていて、アングロサクソン時代の一大叙事詩になっています。

他方、『アングロサクソン年代記』は、九世紀末、アングロサクソン七王国の一つウェセックス王国において、あの有名なアルフレッド大王の治世に編纂が始まった年代記です。『イングランド人民の教会史』が、著者ベーダの主観が存分に入った個人的な物語風に進んでいくのに対し、これは編者もおそらく複数で、年代記というタイトルの通り、「何年に何が起きた」という事柄が紀元前一世紀頃から、編年体でたんたんと記されています。

この両書は、英国史におけるアングロサクソン時代を見るときの第一級の史料として、燦然《さんぜん》たる輝きを放っています。たとえるなら、両書は日本ならさしずめ『古事記』、『日本書紀』といったところでしょうか。

ただ、『古事記』も『日本書紀』も、客観的な歴史的事実を記しているかといえば、必ずしもそうとはいえないように、『イングランド人民の教会史』も『アングロサクソン年代記』も、著者や編纂した人間の思想、立場、そして早い時代につきものの超自然的なことを畏敬する人間心理に強く影響されています。従って全ての記述が正しいわけではもちろんありません。とくに『イングランド人民の教会史』は、キリスト教の布教にまつわる「奇跡」の挿話がよく出てきますから、読み物としてはとても面白いのですが、これらを一々真正面からとらえていたら身が持ちません。

けれども、この両書にかかれているウォルティゲルンのくだり、すなわちブリトン人がアングロサクソン人に助けを求めたというのは、ありそうな話です。いえ、あっても少しも不思議ではないエピソードと私には思えます。なぜならば、アングロサクソン人にブリトン人が白羽の矢を立てた背景が理解できるからです。

傭兵アングロサクソン人

アングロサクソン人は、実際はヘンギストやホルサたちが上陸した四四九年よりも以前から、ブリテン島に来ていました。ですから、ブリトン人は当然彼らを見ていますし、彼らがどんな人間であるかを知っていたはずです。四四九年がブリトン人にとってアングロサクソン人の初見、ということではないのです。アングロサクソン人は二、三世紀といった、かなり早い時期から一部の人間がブリテン島にいたようです。ただ、ブリテン島に大規模に移り住んでくるようになるのは、やはりヘンギストやホルサたちが上陸した五世紀後半以降のことになります。

アングロサクソン人は、後の時代のヴァイキングのようにブリテン島を船で略奪し、その結果定住した者もいたようですが、多かったのは傭兵としてでした。彼らはローマ帝国の傭兵となって、ブリテン島の守りについていたのです。中には、ブリトン人支配者の傭兵になったアングロサクソン人もいました。

ローマの軍団は、後期になればなるほど傭兵の比率が高くなり、ケルト人、スラブ人、フン人、ゲルマン人などさまざまな民族がローマの軍団を構成していました。ローマ帝国（西ローマ帝国）自体を滅ぼしたのもゲルマン人傭兵のオドアケルですから何をかいわんや、です。ゲルマン人は体が大きく組織だって動くため、傭兵としては適任でした。ローマはブリテン島の防衛にこの戦闘力の高いゲルマン人傭兵を、とりわけブリテン島と地理的に近接しているユトランド半島のアングロサクソン人を多く配置したのです。

ブリテン島に駐留したアングロサクソン傭兵たちは自分たちの本拠地と比べ、この地が温暖で小麦も豊かに栽培できること、家畜を飼うのにも極めて適していることをすぐに悟ります。かつて、ローマ人がブリタニアの豊かさをいち早く見抜き、そのことが皇帝の支配欲をかきたてたように、です。傭兵の中のかなりの者は、一族をブリテン島に呼び寄せたりしたようで、テムズ川の河口にはこうしたアングロサクソン人の定住の跡も見られます。

折りしも時代はゲルマン民族の移動期でした。大陸では条件の良い土地を求め、さまざまなゲルマンの部族が動いていました。そんな中、ブリテン島にいる同胞たちから、たびたび届く豊かなかの地の情報。ユトランド半島のアングロサクソン人たちが、移住の機が熟すのを待っていたのは確実です。ここに、アングロサクソン人が、ブリトン人首長ウォルティゲルンの「SOS要請」を渡りに船もしくは最大の好機、と捉えた理由があります。

――よし。ブリテン島の住民からオフィシャルな救援要請を受けたぞっ、諸君！　大義名分はついた。これを機会にあの豊穣の島を乗っ取るのだっ――

ヘンギストとホルサは、ほんとうに嬉しかったのだと、私は察します。ブリトン人も、うまくいったと思ったはずです。アングロサクソンが強いのは、彼らがローマ軍団の兵士として、ピクト人やスコット人と戦っているところをちゃんと見ています。強いことがわかっている連中に、勢いを増してきたやっかいなピクトを退治してもらう。この判断はとても合理的です。だから、『イングランド人民の教会史』や『アングロサクソン年代記』に記されている、ブリトン人がアングロサクソン人に助けを求めたというのは、とてもありそうなことなのです。たぶん、事実でしょう。

その上、ブリトン人には彼らに対する強力な優越感もありました。「異教徒ども！」と言ってのけられる精神的な高揚感です。キリスト教にいち早く改宗したローマ的ブリトン人が抱く、ゲルマンの神々を信奉し文明の香りがするキリスト教をまるで知らないアングロサクソン人を見下す心。おそらくそれが、アングロサクソン人がこの島に来ても、自分たちは彼らをコントロールできると錯覚させたのでしょう。そういう自信もあって、彼らを呼んだのだと思います。

ブリトン人はだから、自分たちが招いた「蛮族アングロサクソン」が、まさかこの島を乗っ取ろうとは夢にも考えていなかったに違いありません。ブリトン人は、少々インテリに過ぎたのです。あくまでも、アングロサクソン人と比べた場合の話ですが。

そして、七王国が成立

こうしてアングロサクソン人たちは、このブリテン島に次々と侵入してきました。初めうちは、ブリトン人との約束の通り、ピクト人に戦いを挑み、次々と撃退していきます。しかし、彼らは間もなく叛旗を翻し、一転、攻撃の矛先をブリトン人に向けます。ブリトン人は慌てました。けれども、ローマ的ケルト人や奥地のケルト人など、ブリトン人は決して一様、一枚岩ではなく、相互の連帯が薄く、強力なリーダーもいませんでした。このため、ある一時期をのぞいて、戦い慣れしたアングロサクソン戦士に打ち破られ、次第に奥地に追いやられていきます。アングロサクソン人のブリテン島乗っ取り作戦はこうして着々と進行し、やがて彼らの「国々」があちこちに誕生するのです。

本書でこれから語っていくアングロサクソン人の七王国（Heptarchy《ヘプターキー》）は、こうしてブリトン人を駆逐していったブリテンの各地に、六世紀の終わり頃から成立していきます。日本だと、聖徳太子が推古女帝の摂政となって国政に腕を振いだす頃ですね。

この、六世紀後半から十世紀にかけて続く時代は、歴史的事実の客観的な把握が大雑把にしかできません。それは、根本史料となるものがベーダの『イングランド人民の教会史』や、『アングロサクソン年代記』といったものしかなく、あとは今日のイギリス各地の教会に散在しているこの時代の国王たちの寄進状といった程度の、断片的なものしかないからです。

ただ、そのことはまた、このアングロサクソンの七王国時代を英国史上で最も魅力的な時代にしていると、私には思えてなりません。それは、だって、実証を金科玉条とする小うるさいプロの歴史学者にあれこれいじくりまわされないですむからです。考えてもみてください。過去から挿話的な、伝説的な部分を取り除いてしまったら、歴史なんてこれっぽっちも面白くはありません。歴史と文学の境界が曖昧であるほど、魅力は増してくるものです。歴史を〝目黒のさんま〟にしてはいけません。

アングロサクソンの七王国を構成するのは、ケント、イーストアングリア、ノーサンブリア、マーシア、エセックス、サセックス、そしてウェセックスという名の、七つの王国でした。ただ、この七王国は、一時期に全ての「国」が全盛期であって相互に関係を持ったり、戦ったりしていたのではありません。ある王国がまず最盛期を迎え、やがて衰退をたどり、新たに勢力を増してきた王国の支配に入る、そういった七つの王国の栄枯盛衰《えいこせいすい》がこの間に繰り返された、ということです。

そして、アングロサクソン人が作った王国は、何もこれら七つだけではありませんでし

図4　七王国時代のイングランド

た。七つという数は、アングロサクソン人の小さな自立した勢力が統合された結果の数で、七世紀の初頭にはブリテン島には二十数個の半国家的なアングロサクソン人の自立勢力があったといわれています。また、大きく七王国に収斂《しゅうれん》されていっても、たとえば、ミドルセックスとか、リンディといった名の独立した王国はありました。ただ、これらは一つの王国として扱うにはあまりにも規模が小さく、この時代をまとめたときに、やはり七王国としたほうが明快なのです。

では、本編に入ることにしましょう。その前に、了解していただきたいことがあります。ほんとうは七王国の一つ一つを、章を立てて紹介したいのですが、エセックスとサセックスについては、もともと史料や記録、あるいは伝えられているエピソードなどが他の五王国と比べ極端に少ないため、この二王国に関しては特に章を設けず、全体の文脈の中で触れるに止めました。

さあ、これからケント王国、イーストアングリア王国、ノーサンブリア王国、マーシア王国、ウェセックス王国と順番に紹介していきますが、わくわくしていただけること請合いです。なぜって、専門的な歴史書はともかく、一般向けの本で、アングロサクソン七王国をテーマにこれだけ記したものは、わが国では本著が初めてでしょうから。未知の醍醐味がたっぷりです。それでは、アングロサクソン各王国の英雄たちの活躍と物語の数々、ご堪能ください。

ケント王国

Kent

サイソン対アーサー

肥沃なケント

四四九年、ヘンギストとホルサは今日のケント州に上陸しました。このケント州とはいったいどのようなところなのでしょうか。ここは、十四世紀の英国の作家、チョーサーが書いた『カンタベリー物語』でも知られた英国国教会の総本山、カンタベリー大聖堂があるところでもあり、イングランド南東部の肥沃で温暖な地です。ロンドンから電車でカンタベリーに向かうと、一面の小麦畑が車窓にどこまでも広がり、この地がとても豊かであることを実感できます。ここではワインも作られ、近年では欧州のワインコンテストで最高賞に輝くものも出ています。

温暖な気候に恵まれたイングランドの南東部は、昔からブリテン島でも最も豊かな地だったのであり、ブリトン人も大いにその恩恵に浴していました。ヘンギストとホルサたちやってきたアングロサクソン人の目にも、この土地の素晴らしさは瞬間的に理解できたでしょう。この地域が、そしてブリテン島が欲しくてたまらなくなったはずです。そんなことは露も知らず、このあたりのブリトン人の首長ウォルティゲルンは、ヘンギストとホルサに、ピクト人を退治してもらおうと、彼らが定住する土地を与えたとさえいわれています。

はじめのうち、アングロサクソン人は向かうところ敵なしの状態で、ことごとくピクト人を打ち破ります。そして、彼らはさらに多くのアングロサクソン人を本国から呼び寄せます。『アングロサクソン年代記』(以降、略して『年代記』とします)は、ヘンギストとホルサの兄弟は本国ユトランド(現在のデンマーク)の地の同胞たちに使者を送り、もっと部隊を送ること、ブリトン人がブリテン島に住む「価値がない」(worthlessness)人々であること、そしてブリテン島がいかに素晴らしいかをみんなに伝えるように命令した、と伝えています。

ブリトン人が「価値がない」とは、しかしよく言ったものです。私の知り合いの歴史に詳しいウェールズ人は、この言葉を引き合いに出していまだにイングランド人を怒っています。ちなみにウェールズの人々はブリトン人（ケルト人）直系の子孫で、イングランド人はアングロサクソン直系の人々です。

さあ、要請にこたえて、さらなるアングロサクソンの大部隊がユトランドの地から船を連ねて海を越え、ブリテン島にやってきました。ノーサンブリアの修道士ベーダは、『イングランド人民の教会史』（以降、略して『教会史』とします）の中で、今日ケントやワイト島に住んでいる人々はジュート族の、エセックスやサセックス、ウェセックスの住民はサクソン族の、イーストアングリアやマーシア、ノーサンブリアに住んでいる人たちはアングル族の末裔だといっています。そうしたアングロサクソン人全ての最初の首長が、ヘンギストとホルサだったとしています。こうベーダが記したアングロサクソン各支族のブリテン島の分布状況は、だいたい現代の歴史学や考古学の成果と一致するようです。

満を持して叛旗

そして四五五年。ついに、というか予定通りに、アングロサクソン人が叛旗を翻すときがやってきます。彼らは俄《にわ》かにピクト人との戦いをやめ、盟約関係に入ります。そして一転、これまでの同盟者だったブリトン人への攻撃を始めるのです。ヘンギストとホルサ率いるアングロサクソン軍は、ウォルティゲルンを初めとするブリトン人と、エゼルスザレプというところで戦ったと『年代記』は記しています。現在では位置不明の場所ですが、その戦いでヘンギストの弟ホルサは死んだとも伝えています。アングロサクソン人の首長の一人が戦死するほどですから、そうとうな激戦だったのでしょう。ブリトン人も必死だったのです。この裏切り者め！　蛮族はいつもこれだ、と。

四五七年には、アングロサクソン人はこれも今では位置がわからないクレクガンフォルドという場所でブリトン人と戦います。そこで四千人のブリトン人を殺し、恐れをなしたブリトン人はケント地域を捨ててロンドンへと逃亡したと『年代記』は伝えています。こうしてヘンギストはケント地域をブリトン人から奪取して、ここにアングロサクソン人のケント王国を建国し、ヘンギストの子エシュがその後を継ぎました。これが、ブリテン島南東部の地にアングロサクソン人の王国ケントが誕生したそもそものいわれです。

ところで、この、ケント王国の始祖とされているヘンギストや戦死したホルサ、またヘンギストの息子のエシュについては、ほんとうのところは実在したかどうか、よくわかっていません。歴史学的には彼らは半伝説的な存在とされています。

たとえば、ヘンギストとホルサの兄弟はウィフトギルスの息子たちであり、ウィフトギルスはウィッタの息子であり、ウィッタはウェクタの息子であり、ウェクタはオーディンの息子であると『教会史』や『年代記』は伝えています。この、最後に出てくるオーディンは神です。

オーディンはノルウェーなど北欧神話にも出てくる主神であり、知識や文化、戦争、死者の神でした。もともとはローマの神マーキュリーがその原型だったとされます。マーキュリーは商人や雄弁家、職人、旅行者、盗賊など、まあ何でもござれの便利な守護神であり、それが気に入られたかどうかはわかりませんが、ローマがゴートなどゲルマン諸民族と交流や争いなど接触を持つ中でゲルマン民族へ広く伝わっていき、ユトランドやスカンジナビアにも入っていきました。

その過程で、オーディンの神としての性格も変わっていったようです。ローマの神としてのある種の明るさは消え、ゲルマン的な、戦いや死者の神といった運命的な重たい面が強くなっていきました。アングロサクソン人にとってのオーディンは魂を霊界に導く神、すなわち死者の神であり、死んだ王たちの父的な役割を持っていました。

つまり、ヘンギストとホルサにとってはほんの四代前が、ヘンギストの息子エシュにとっては五代前が神だったのです。神様から人間になった時間というか距離が、ずいぶん短いですね。もしかしたらヘンギストとホルサは、まだ神様の血を十分持っていたのかもしれません。だから、神業的な強さでピクト人やブリトン人を打ち破っていったのだと。

指揮官アーサー

こうしてブリテン島に上陸したアングロサクソン人はブリトン人たちを押しやりました。が、六世紀初頭から約半世紀、その進出が一時止まります。むしろ後退すらし、一部のアングロサクソン人は本国のユトランドの地に退却せざるを得なくなったようです。実はこのころ、ブリトン人側にある天才的な軍事指揮官が出現しました。その人物のもと、ブリトン人が数度にわたる戦いでアングロサクソン人を破り、その勢いを挫いたらしいのです。

ウェールズに伝わる古い記録、たとえば六世紀のブリトン人の修道士だったギルダス（四九四または五一六―七〇）が書いた『ブリタニアの破壊と征服』(*De Excidio et conquestu Britanniae*)という書物には、アンブロシウス・アウレリアヌスというローマの名門貴族出身の人物が、ブリトン人を率いて戦い、アングロサクソン人に初めて勝ったことが記されています。そしてその後数度におよぶ戦闘の後、ブリトン人がアングロサクソン人を「ベイドンの丘」で殲滅《せんめつ》したことを謳っています。

このベイドンの丘の戦いが、アンブロシウス・アウレリアヌスの指揮によるものだったかどうかはわかりません。が、この戦いの軍事的指導者こそ、後の中世ヨーロッパ文学で華やかな活躍を繰り広げた「アーサー王」の原型となった人物だとする見方が現在あります。もとより、ギルダスの『ブリタニアの破壊と征服』は、歴史書として記されたものではなく、またアングロサクソン人のブリテン島侵略をかなり誇張しているともされています。これは、彼もブリトン人で同じアングロサクソン人の「被害者」ですから仕方ない面があります。しかし、アングロサクソン人とブリトン人が戦っていたほぼ同時代に書き記されたギルダスの記録はやはり重要であり、何らかの事実を示唆していることは確かでしょう。

もうひとつ、アーサー王に関しては鍵となる文献があります。九世紀、これもウェールズ人の修道士ネンニウスが著した『ブリトン人の歴史』（*Historia Brittonum*）です。この中では、すでにアーサーという名が出てきます。ここではアーサーがブリトン人の王ではなく、軍の指揮官だったとし、アーサーが率いるブリトン人のアングロサクソン人への反撃が十二回にも及ぶ長い戦いだったこと、そして最後の戦い、すなわち十二番目の戦いがベイドンの丘で、「アーサーは単身一度の突撃で九百六十人の敵を倒し、勝利した」（『ブリトン人の歴史』五十六章）と書かれています。

こうなると先のギルダスが書いたローマ人指揮官アンブロシウス・アウレリアヌスは、

ますますアーサーを彷彿《ほうふつ》とさせてきます。言いうることは、今日イングランド中部、南部、東部でこのブリトン人の反撃期の跡と思われる防塞や土塁、武器、大量の人骨が発掘されていることであり、各地で数度にわたる激戦があったことを物語っています。基本的に歴史学は、ウェールズに伝わる古い伝承やギルダスやネンニウスが遺したような史料として信憑性に疑問がつく記録に現れたアーサーについては、長い間相手にしてきませんでした。

けれどもさまざまな議論、そして揺り返しの結果、近年では今ではどこにあるか不明なベイドンの丘（たぶんイングランド中南部の、現在のウェールズに近いところ）で、アングロサクソン人を壊滅させたアーサーの原型となったリーダーは実在していたのではないかという声が大きくなっています。ブリトン人の反撃の結果、アングロサクソン人が後退せざるを得なくなった背景には、後年人々が尾ひれ背びれをつけて、あの中世一大宮廷ロマンスの主人公「アーサー王」に仕立て上げてもさもあらんと思われるような、優秀な指揮官がいたことは大いに有りうるということなのです。

サイソンとカムリ

余談ですが、ちょっと前に、『キング・アーサー』という映画が話題になりました。クライブ・オーウェン、キーラ・ナイトレイといった俳優陣が出てきて、楽しい映画でした。あれを、時代背景がアングロサクソン人と戦っている六世紀初頭なのに、何で中世文学の円卓の騎士や王妃グウィネヴィアが出てくるんだと文句をつける人もいます。まあ、映画は基本的に娯楽ですので、そのへんはご愛嬌というところでしょう。

納得した場面もありました。ブリトン人がサイソン（Saeson）とアングロサクソン人を呼んでいたことです。ウェールズの人は、今もイングランド人をサイソンと呼びます。サクソン人に由来する言葉であるのはいうまでもありません。サイソンという響きからは、今もブリトン人の末裔であるウェールズ人が、アングロサクソン人の末裔イングランド人に対して身構えているように感じられて仕方ありません。少なくとも私には。

ちなみにウェールズという言葉はアングロサクソン人が使った「よそ者」という意味のウェリース（Weleas）に由来します。しかし、よそ者とはずいぶんですね。侵入してきたのは彼らの方なのに。ウェールズの人々は自らの民族のことをカムリ（Cymry 国を表す時は Cymru）と呼んでいました。「同胞」「仲間」を意味するケルト語です。もちろん今も、ウェールズの人は自分たちや自らの「国」のことを誇り高くカムリと呼びます。

ともあれ、アーサー王の原型となったと推測される人物が、ブリトン人を率いてアングロサクソン人の侵攻を一時期停滞させた、ということなのです。が、やがて態勢を立て直したアングロサクソン人によって、現在のウェールズやスコットランドを除くブリテン島の広い地域が、彼らの手中に落ちていったのはその後の歴史が示す通りです。

覇王エゼルベルト

ほろ苦いデビュー戦

伝説のヘンギストを始祖に持つケント王国は、アングロサクソン七王国の中で、最も早く成立しました。それから一世紀近くたち、ケントはエゼルベルト王（在位？―六一六）のときに最盛期を迎えます。エゼルベルト王は実在がはっきりしている王様です。彼はその治世において、アングロサクソン人の王で初めてキリスト教に改宗したり、アングロサクソン人初の法典を編纂したり、さまざまなことを成し遂げました。が、何といっても一番に挙げたいのは、王国の支配を大きく広げ、アングロサクソン各王国に君臨したことです。

とはいえ、初めはほろ苦い、というか散々なデビューでした。『年代記』は五六八年にエゼルベルト王がウェセックスのケアウリン王とその息子のクッサと戦って敗れ、ケントに逃げ帰ったこと、またオスラックとセネバという正体が定かでない二人の王族が戦いで殺されたことを記しています。

エゼルベルトがこのときウェセックスのケアウリンと戦ったのは、西方へ進出したいという野心からでした。しかし、このころケアウリンもまた、イングランド中部から東部へかけて領土拡大の真最中であり、まさに両雄激突といった戦いだったわけです。ここで完敗したエゼルベルトは、ケアウリンが健在な間は、おとなしくしているしかなくなりました。

しかし、やがてウェセックスで内紛があり、ケアウリンが甥のケオルによって王位を追われ五九三年に死ぬ（おそらく殺害）と、ウェセックスの勢いに衰えが見えてきます。そして、ケアウリンと入れ替わるように、ケント王国のエゼルベルトが台頭し、ウェセックスを圧迫していきます。

エゼルベルトは並行して、イングランド中部のミドルセックスやロンドンを擁するエセックス王国にも手を伸ばします。エゼルベルトは自分の妹のリクラをエセックス王スレッダのもとに嫁がせていました。この二人の間の子サベルトは、六〇四年頃にエセックス王位を継承し、要衝ロンドンを統治します。が、それはあくまでも名目上であり、背後でロンドンを押さえ、エセックスを実質上支配したのはサベルトの伯父エゼルベルトでした。

また、イーストアングリア王国にも強力な支配力を及ぼします。イーストアングリア王国は、ブリテン島東部に成立したアングロサクソン七王国の一つです。そのイーストアングリア王レドワルドに、エゼルベルトはさかんにキリスト教徒になるようにと迫ります。が、レドワルドもこのアングロサクソン時代の傑物のひとり、「ふん、自分たちの神を捨ててたまるか」と、あるときは改宗したように見せかけて、のらりくらりと誘いをかわしていきます。

このあたりになるとエゼルベルトはキリスト教に改宗していて、あちこちのめぼしい人物に無理やり改宗を迫り、キリスト教を通した支配力の強化を進めていきます。彼は教会の建設にも余念がありませんでした。有名なカンタベリーの大聖堂も、あのロンドンのセント・ポール寺院もエゼルベルトの命による創建でした。

八人の覇王

こうしてエゼルベルト王はハンバー川以南の地に支配権を確立していきました。ハンバー川はイングランド東部を流れる川で、巨大な三角州を形成しながら北海に注いでいます。イングランド七王国のうち、北にあるノーサンブリアを除いた全ての王国はこのハンバー川より南に位置しており、ために「ハンバー川以南を支配する」という表現は、イングランドに覇をとなえるという意味としてよく使われます。

　ベーダは『教会史』の中で、エゼルベルトをアングロサクソンの三番目の覇王(Bretwalda《ブレトワルダ》)としています。覇王とは、他の王国の宗主権を握る王様の中の王様のことです。ベーダは最初の覇王をサセックス王国の始祖とされるアエラ、そして二番目をウェセックスのケアウリンとしています。ケアウリンは前述の如くエゼルベルトをこてんぱんにやっつけた王です。アエラについてはほとんど記録がなく、実在性も極めて曖昧です。

『教会史』は全部で七人の覇王がいたことを記しています。すなわち、四番目はイーストアングリアのレドワルド、五番目はノーサンブリアのエドウィン、六番目は同じくノーサンブリアのオスワルド、七番目はこれまた同じくノーサンブリアのオスウィです。

　覇王に関しては『年代記』にも記録があり、七番目まではベーダと同じです。ただ『年代記』には一人多い八人の覇王が記録されていて、その八番目をウェセックスのエグバートとしています。これは、『年代記』は七三五年に没したベーダのはるか後に編纂されたため、ベーダ以降の情報も含むことができたことと、そもそも『年代記』自体がウェセックス王国の手になるものですから、自国の王様を加えるのは当然だったのでしょう。ベーダだってノーサンブリア人ですから、三人も自国の王様を覇王にしています。歴史とは極めて利己的なのです。私は、個人的に大好きでこのアングロサクソン時代の一番のヒーローだと思っている冒険者エドウィンはともかく、ノーサンブリアから三人は絶対多いと思っています。

ともあれ、こうしてエゼルベルト王の頃、ケントはアングロサクソンの他の王国へ支配を広げました。ではなぜ、ケントがいち早く覇権を確立できたのでしょう。その大きな理由は、ここが経済的な先進地域だったからです。イングランド南東部が温暖で穀物がよく取れることはすでに述べました。そのことに加え、この地にはローマ時代のインフラをそのまま受け継ぐことができたという利点がありました。

ローマの遺産

ローマがブリテン島を支配していた頃、カンタベリーはローマの大きな町の一つでした。そのローマが去った後、建物、上下水道、道路といった都市機構や、郊外の農業経営といったものはそのまま残りました。それらはブリトン人が引き継いで使っていたわけですが、やがて侵入してきたアングロサクソン人も、ブリトン人を経由してかなりのものを技術も含めて受け継いだようです。こうした、当初からあったインフラがケント王国発展の上で大いに貢献したことは明らかでしょう。

カンタベリーについては、私は同市のローマ時代を展示した歴史博物館に行ったことがあります。そこで見たローマ期のカンタベリーはとても豊かでした。整然とした町並み、道路。そして、属州スペインからもたらされたオレンジなどの果物、パン、肉類といった食物の数々。ローマは文明そのものでした。

これに対し、侵入してきたばかりのアングロサクソン人の集落は、展示を見る限り掘立て小屋そのものでした。そのとき痛烈に思いました。文明とは、後退することがあるのだと。アングロサクソン人はこのローマの遺産を利用しない手はないと、すぐに飛びついたのでしょう。少なくともカンタベリー周辺のアングロサクソン人たちは。

このカンタベリーの存在は、ケント王国に大きな特徴づけを行っています。もともと、ケント王国は、ローマの影響が強く残るカンタベリーがある東部（東ケント王国）と、ロチェスターを中心としたゲルマン的要素が強い西部（西ケント王国）に分けられます。一般的にケント王国は西側が主体で、ふつうケントの王といえば西ケントの王を指しました。もちろん、東ケントにも王はいました。けれども全く別の王族が支配するのではなく、たとえばエゼルベルト王がケント王（西ケント王）のとき、息子のエアドバルトが東ケント王であり、エゼルベルトが死ぬとエアドバルトが西ケントの王を継ぐといった具合で、同族支配の関係でした。

もともとは西ケントも東ケントも別々のアングロサクソン人地域として発展したようです。そして、よりアングロサクソン的で軍事的にも優位だった西部が、豊かな東部を支配するため東に同族の王を置いたものと思われます。いずれにせよ、カンタベリーに代表されるローマ時代の遺産をうまく継承したケントが、他の王国に先駆けて覇をとなえることができたのは納得できます。

そしてもう一つ、エゼルベルト率いるケント王国が興隆した大きな経済的理由がありま す。大陸フランク王国との交易です。地理的に近い関係にあったフランク王国とケントは、人的なものも含めて、交流が盛んでした。エゼルベルト王の時代からメロビング朝時代のフランク王国とのつながりが太くなり、多数の商人が海を行き来していました。王自身、フランクの王族の娘を妃にもらうほどでした。

ケント王国は、六世紀後半にアングロサクソン王国で最初にコインを鋳造したことでも有名ですが、これは明らかにメロビング金貨をまねて作られたものです。つまり、金貨を作る必要があったほど、大陸との間で商業的交流が盛んだったということです。エゼルベルトのケント王国は、いち早く覇をとなえるべくしてそうなったのでした。

天使の島に来たキリスト教

「輸出品」は奴隷

エゼルベルト王の妃は、フランクの王族、パリ王カリバートの娘ベルタでした。いわゆる「国際結婚」です。ケントとフランク王国の交流が活発だったのはすでに触れました。ただ、両者の関係は五分五分の対等なものでは決してなかったはずです。この頃の文明の中心があくまでもヨーロッパ大陸にあったからです。

西ローマ帝国が崩壊した後、ヨーロッパに誕生したゲルマン諸民族国家のうち、フランク族が建国したフランク王国は際立って勢いを増していました。フランク王国は、欧州文明の中心をかつての地中海から西ヨーロッパへとシフトさせつつあったのです。ローマの解体で古代が終わり、フランク王国を中心とした中世社会という新しい幕が上がりつつあったとき、ブリテン島は影の薄い存在でした。西ヨーロッパの新時代の歴史は、ブリテン島という要素をことさら編入しなくとも、さしたる問題もなく動き出していたのです。

ブリテン島は、やはり辺境だったのであり、こういう状況は必然的に人々の生産活動の面、つまり経済的にも、そして文化的にもフランク王国とブリテン島に形成されつつあったアングロサクソン人の王国との間に差を生じさせるものです。ですからケントとフランク王国が交易をしていたといっても、交易を強く欲したのは明らかにケントの側でした。たとえば、高度な技術を要する工芸品の類を求めるためにも。

見返りにブリテン島から出て行ったもの。それは、鉱物や穀物、ウールといった原料に近いものに加え、人間そのもの、奴隷でした。奴隷というと、何だ、そんな制度、ギリシアやローマの時代で終わっているんじゃないか？　といぶかる方もいるでしょう。

実は違うのです。ようやく古典古代が終わり、中世に入ったばかりのこの時代では、アングロサクソン期のブリテン島はもちろん、ヨーロッパ全域でまだまだ奴隷売買が盛んでした。戦争でつかまえた他王国のアングロサクソン人やブリトン人、スコット人など、奴隷を獲得する機会に不足はないほど、ブリテン島には争いが多かったのです。ブリテン島から多くの奴隷がヨーロッパ各地に送られたことは、さまざまな記録に残っています。そして、このことは、ブリテン島にキリスト教の一大伝道団が送られてくるきっかけにもなりました。

売られていた天使たち

さてエゼルベルトですが、こういう、ケントとフランクとの間で格差があるときの国際結婚に対等な関係は望めません。おそらく、「先進国」フランクとの交易を維持しておきたいため、そもそもエゼルベルトの側から妃が欲しいと申し込んだのでしょう。当然、ただで妃をもらえるわけはなく、優位な立場のフランク側はこの結婚に条件をつけました。エゼルベルトがキリスト教徒になるのなら王女をやってもいい、と。

カリバートの娘ベルタはキリスト教徒でした。ベルタだけでなくフランクの王国の主だった者は、この頃はすでにキリスト教徒でした。当時、キリスト教徒であることは文化的に（政治的にも）先進者であることを意味していましたし、そうした者たちの手で異教徒を改宗させるということ、エゼルベルトにしてみればフランク側によって洗礼させられるということは、政治的にフランクの優位性を承認し従属する立場になることに直結しました。

事実、そういう意図があってフランク側はベルタがケントに輿入《こしい》れするとき、ただの平僧侶ではなく、リウドハルトという高位の司祭を同行させました。エゼルベルトの傍に置かせて威圧的に改宗させるためだったであろうとされています。

こんなフランク側の意図を見抜けないほどエゼルベルトは暗愚ではありませんでしたので、ベルタを妃にもらったものの、直ぐには改宗しようとはしません。しかし、彼にはキリスト教徒になった場合、「国際的」な立場が強くなるというメリットもきちんとわかっていましたし、何よりもアングロサクソンの他の王国に「神の先兵」として号令をかけてブリテン島に君臨できるとの計算もできていました。ですから、ケントの繁栄を考えれば、改宗するしかないという判断はあったようです。

問題は、誰の手で改宗を仕切ってもらうかでした。ただでさえ強国のフランクの手で洗礼行事をやられてしまったのでは、ケントはフランクに頭が上がらなくなってしまいます。

――教皇に洗礼をやってもらうのがいいなあ。それが一番の解決策なんだけど――

こんなことをエゼルベルトは考えていたようだとする歴史学者もいます。そして、まさにそんなエゼルベルトの願いが通じたかのような出来事に、教皇が遭遇するのです。

ベーダは伝えています。ある日、教皇グレゴリウス（一世）はローマのとある市場を歩いていました。そこにはさまざまなものが売られていましたが、グレゴリウスは、その中で数人の少年奴隷が売られているのを目にし、足を止めました。少年たちは透き通るような白い肌と紺碧の瞳を持ち、美しい金髪をなびかせていました。グレゴリウスは彼らにどこから連れてこられたのか尋ねました。するとブリテン島からだとの答えが返ってきました。その島の住民はキリスト教徒かと教皇が聞くと、異教徒とのことでした。

さらに教皇がこの少年たちは何という種族なのかと尋ねると、アングリ（Angli アングル人のこと）という答えでした。教皇は、「ああ、彼らは天使の容貌を持っている。きっと、天国の天使たちの末裔に違いない」と感嘆しました。ラテン語で天使をアンゲリ（angeli）といいます。つまり、今風にいえば、これは教皇が洒落をいったわけです。グレゴリウスがこの少年たちは何という国から連れてこられたのか、またその地の王の名は何というのかと聞くと、国の名前はデイラ（Deira）、王の名はアエラ（Ælle）という返事でした。

教皇はいいます。「いい名だ。神の怒りから引き離され、神の慈愛に誘われるということか。よし。その地でハレルヤを歌うのだ」と。補足しますと、「神の怒りから」はラテン語で de《デ》 ira《イラ》 Dei《デイ》といい、そのうちの de ira の部分が国の名前 Deira のひっかけ、「ハレルヤ」（Alleluia）は Ælle へのひっかけです。まあ、このへんは教皇さんも結構苦しいようですが……。

デイラはノーサンブリア王国を構成する二つの国の一つで、アエラはそのデイラの始祖といわれています。サセックスの始祖で最初の覇王にされているアエラとは別人です。グレゴリウスはこの日、天使のような美しい少年奴隷たちを見て、ブリテン島に大伝道団を派遣することを即決します。まるでエゼルベルトの思いが伝わったみたいですね。

『教会史』に出てくる有名なこのエピソードが本当にあったかどうかは確認するすべがありません。が、私はこれは実話ではないか、誇張されているにしてもこれに限りなく近いオリジナルの出来事はあったのではないかと思います。市場で少年奴隷が売られているというところに現実味があります。ブリテン島からは多くの奴隷が「輸出」されていましたので。ところでこのエピソード、現代のイギリス人には胸にぐっとくるようです。自分たちの祖先は昔、奴隷として売られていたのかと、その少年たちにはるか思いを馳せるとき、なんともいえない感傷を誘うのでしょう。

大伝道団、ケントへ

かくしてグレゴリウスは、自分の腹心であるローマの聖アンドレア修道院の聖堂参事会長アウグスティヌス（オーガスティン）を長とする約四十人の教皇直属の大伝道団をブリテン島に派遣します。そして伝道団は五九七年、ケントの地に上陸するのです。彼らがブリテン島のほかの地ではなく、まさにケントに来たというのも、何か意図を感じますね。こういうところからも、教皇とエゼルベルトの事前コンタクト説が出てくるわけです。

　ついにエゼルベルトはここに、ケントの首都だったカンタベリーで正式にキリスト教の洗礼をアウグスティヌスによって授かりました。アウグスティヌスはこの首都カンタベリーの司教となり、のち六一〇年、初代大司教となります。以来、カンタベリー大司教の座はこのときより現代に至るまで続いていることはご存知の通りです。

　こうして、妃の母国からの圧力に屈することなく、自分の計算通りのやり方でキリスト教徒となったエゼルベルトは、甥のエセックス王サルベルトやイーストアングリア王レドワルドといったアングロサクソンの王たちに改宗を迫り、ハンバー川以南におけるケントの支配を固めていきました。

リーダーとしての改宗

　エゼルベルトはアングロサクソン人の王としては初めて、キリスト教徒になりました。それにしても、です。彼は本当にキリスト教に帰依《きえ》したのでしょうか。ここまで、エゼルベルトはある程度の政治的打算もあってキリスト教徒になったという脈絡で話してきました。でも、たとえそうであったとしても、その後本当に帰依するということは十分考えられます。実際のところはどうだったのでしょう。

『教会史』によりますと、改宗する直前、エゼルベルトはアウグスティヌスにこんなことを言っています。「あなたがたの述べていることは実に立派です。でも、わたしたちの種族にも長い間大切にしてきたことがあり、簡単にそれを放棄することはできません。ただ遠いところからやってきたあなたがたを妨げることはしません」と。

ここにはアングロサクソン人としてのエゼルベルトの素直な気持ちが表われているように思います。迷いです。一神教のキリスト教は非妥協の宗教ですから、改宗すればこれまで自分たちが信じてきたものを完全に捨てる、いや全否定しなければなりません。

ほんとうは最後まで解決がつかなかったのでしょう。最後まで、帰依し切れなかったのでしょう。ただ、ケントはブリテン島にあっては国際情勢に明るくなれる地域でしたから、このまま古いものをずっと守っていたのでは、いいことは一つもないという確信めいたものがエゼルベルトにはあったのでしょう。だから、みんなを率いていくリーダーとしての決断をして、改宗したのだと考えます。それはアングロサクソンの伝統に照らしていうなら、自分の部族を命がけで守るゲルマン首長の「戦士」としての行動でもあったのです。

そういう意味では、フランク王国の圧力をたくみにかわし、誰も文句のつけようのない教皇を選び、最新のキリスト教を採り入れていったというエゼルベルトの手腕は、見事です！

永遠の「首都」カンタベリー

王、即ち戦士

ケントを隆盛に導き、ハンバー川以南の諸アングロサクソン王国に君臨したエゼルベルトは六一六年に亡くなります。彼が王位を継承した正確な年はわかっていないのですが、ベーダは五十六年の在位期間だったとしています。そうすると、国王になったのは五六〇年ということになります。しかし、この当時の王の平均的な在位期間を考えれば、五十六年という数字はあまりにも長く、そのためエゼルベルトは五十六歳で死んだのではないかと考えるのが自然だとする説が有力です。

いずれにせよ王国の支配を広げ、キリスト教に改宗し、コインを鋳造し、イングランド初の法典を作った覇王が世を去ったのです。こういう強力なリーダーがいなくなったのですから、王国全体は大きな喪失感で覆われたことと思います。とりわけこの時代は王は求心力そのものでしたから大変でした。

もともと、ブリテン島にようやくアングロサクソン人の王国ができ始めたこの頃は、王といっても、たとえば後世のイングランド国王のように発達した国家機構にしっかり支えられたシンボルとしての王ではありませんでした。極論すれば、王は部族の首長に多少毛の生えたような存在であり、それゆえ王としての威厳やリーダーシップは個人的資質が全てでした。戦いでは率先して武勇を示し、平時では暖かい王の広間に部下を集めて肉や酒をふるまう。こうしたことがあって初めて臣下は、王のために命をかけて働く気概や絆を養うことができたのです。

英語で王を king と書きます。これは古英語の cyning から来ていて、cyn（kin 一族）と ing よりなっています。つまり一族をずっと維持していく、率いていくのが王なのです。これから本書でもしばしば出てきますが、このアングロサクソンの時代は王が実によく戦死します。ふつう、戦いで王が死ぬなんてあまり考えられないですね。そもそも、そんな最前線に王様は出ません。王は兵みたいに直接戦う存在ではありませんから。

しかし、アングロサクソンの時代はそうではありません。戦いの場面で引っ込んでいたのでは、臣下がついてこないのです。この前の節で、二人の王族がウェセックスとの戦いで戦死したとすでに述べました。王族だろうがなんだろうが、部下の手前、もう命がけで武勇を示した時代でした。厳しい時代です。であるがゆえに、王はすなわちヒーローなのです。

ですから、王がヒーロー的でないと、王国は没落していきます。エゼルベルト王亡き後のケントに、強いリーダーシップのある後継者は残念ながら続きませんでした。いや、エゼルベルトほどではないにせよ、そこそこの王はいました。ただ、ケント以外のアングロサクソンの諸王国に強力な戦士的な国王たちが登場し、彼らの圧力にケントは次第に屈していってしまうのです。でもまあ、これはちょっと先の話で、いまはエゼルベルトが亡くなった後の話です。ケント王国は、その後どうなったのでしょうか。

教会勢力の「奮闘」

エゼルベルトのあとを継いで王になったのは、息子のエアドバルト（在位六一六—六四〇）でした。彼は、父親のやったことがどうもあまり好きではなかったようで、キリスト教信仰を廃棄し、再びもとの、オーディンを主神とするゲルマンの伝統信仰に回帰します。エアドバルトがいつからキリスト教徒だったのかはわかりませんが、父親エゼルベルトと一緒に改宗したと考えるほうが自然でしょう。

ここにキリスト教はケント王という布教における強力な庇護者を失いました。ただ、エアドバルトはキリスト教を迫害することはなかったようで、一般の人々がキリスト教を信じるのは自由でした。しかし、このことはケントのキリスト教の主導者たちに大きなショックを与えたことはいうまでもありません。

そのうえ、エアドバルトが亡き父親の妃を娶ったことも、モラル至上主義のキリスト教勢力にとっては由々しきことでした。父親の妃といっても、実母の、フランクから来たベルタではもちろんありません。さすがにそれだけはしません。妻としたのは、エゼルベルトの二番目の妃であり、継母でした。実母のベルタはすでに亡くなっていました。それでも教会を驚かせるには十分でした。

こうしたことがあって、ケントのキリスト教勢力を主導するカンタベリー大司教は嫌気がさしてしまいます。これだから、やっぱり蛮族はいやだ。ああ、早くローマに帰りたいとばかり、荷造りしてケントを立ち去る準備を始めます。このときは、エゼルベルト王を洗礼した初代カンタベリー大司教のアウグスティヌスはすでに世を去り、二代目のラウレンティウスの時代でした。

しかし、案外根性がないものだと思います。この程度のどんでん返しはこれから布教しようという地ではあたり前に起こることです。だいいち、迫害を受けて殺されるわけではないのですから、いちいち荷物をまとめ、実家へ帰らせてもらいますでは、教皇もたまりません。

実をいうと、初代のアウグスティヌスもブリテン島へ伝道に来る時、ぐずっていたのです。ブリテン島には戦い好きな人間がいっぱいいるとの風評に怯え、ブリテン島を前にした大陸でぐずぐずして、いったん引き返したのです。それを教皇が怒って尻を叩き、その結果やってきたのがケントだったわけです。そういう意味では、アングロサクソンの王様たちも、キリスト教の指導者たちも、みんなまだこれからという青く、若い時代でした。

さて、夜逃げを考えている二代目のラウレンティウスの場合は、教皇ではなくもっと格上の、あの偉大なる伝道者、パウロに、そんなことでどうするっ！　と、尻をひっぱたかれます。たぶん夢枕にでも立ったのでしょう。そのおかげで、二代目は逃亡寸前でカンタベリーに踏みとどまることができた、と『教会史』は伝えています。

こうなるとラウレンティウス、力を得たのか猛烈な勢いでエアドバルトをキリスト教に再び改宗しにかかります。そしてそれは成功するのです。なぜエアドバルトがキリスト教に戻ったのか、詳しい理由はわかりませんが、おそらくラウレンティウスのはったりに騙されたのでしょう。ベーダによれば、ラウレンティウスはエアドバルトに、パウロによって一晩鞭打たれた跡を見せたそうです。嘘に決まっています。何かうまい仕掛けをしたのでしょう。わざと鞭打ったか何か。

それで驚いてもとの鞘《さや》に収まってしまう王の器量も大したものではありません。エゼルベルトが王国を率いるリーダーとして、計算をめぐらして改宗したのとは大変な違いです。勢いを駆って、ラウレンティウスはエアドバルトの継母との近親相姦的な結婚を破棄させるのにも成功します。実は、この継母との結婚、ゲルマン民族の間では伝統的に合法とされてきました。それをキリスト教の倫理観で覆したのですから、ケントの教会勢力はこの段階で王への大きな影響力を確立したと見ていいでしょう。エアドバルトは改めて、フランク人の王女エンマと結婚することになります。もちろん彼女はキリスト教徒でした。

王の妹ノーサンブリアへ

エアドバルトの妹のエゼルベルガの動きも、エゼルベルト王亡き後のケントで注目すべき事柄です。それは彼女の人生が、このアングロサクソン王国時代の最大のヒーロー、ノーサンブリア王国のエドウィン王とつながっているからです。エゼルベルガは六二五年、エドウィンと結婚します。この婚姻は、兄エアドバルトの仲介によるものだったといわれています。このとき、エゼルベルガはキリスト教徒でありｄ、エドウィンはそうではありませんでした。

エゼルベルガは結婚に際し、自分はキリスト教徒であるから、教徒として諸々の行事を行うことを妨げないこと、そのためにケントのキリスト教の聖職者を自分と共にノーサンブリアに赴かせること、といった条件をエドウィンに示し、了承されました。このあたりは、フランクから司祭を連れてケントに嫁いできた母親のベルタにそっくりですね。キリスト教の先進地だったケントからハンバー川を越えた北の異教の地、ノーサンブリアに輿入れするときの心境は、まさに母親のそれと同じものだったのでしょう。

このとき、エゼルベルガに同行してノーサンブリアに赴いたのがパウリヌスでした。パウリヌスは教皇グレゴリウスによる六〇一年の、第二回ブリテン島伝道団派遣のとき加わっていた高位の聖職者でした。この人物が、エドウィンのキリスト教改宗へ、一つの役割を果たすことにもなります。

今もイギリスの中心

ともあれ、覇王エゼルベルト亡き後のケントは、徐々に勢いを失っていきます。エセックスやミドルセックス、イーストアングリアへの支配力も失せていきます。そして、かつてエゼルベルトを一敗地にまみれさせたウェセックスが、再び勢いを盛り返してきます。六八六年にはケント王国はウェセックス王カドワラとその弟のムルによって急襲され、ムルは一時的にケント王になるなど、ウェセックスの力の行使の前にケントは従属を余儀なくされていきます。

他方、イングランドとウェールズの境界に位置していたマーシア王国は、長らくカドワラ王に頭を抑えられていましたが、八世紀後半、オッファ王のとき強大になりウェセックスに代わってケントを支配します。

しかし、九世紀に入り、エグバート王の治世下、勢力を再び盛り返してきたウェセックス王国によって、八五八年頃、ケントはついに統合されてしまいます。王国としてケントは、このとき、歴史を終えたのでした。

けれどもケントは、今日に至るまでずっと、イギリスの「中心」をなしています。それは、カンタベリーというイギリスの宗教首都を擁しているからです。そして、この王国は、どこか文明の響きが感じられるケンティッシュ（Kentish ケント人）という言葉を今に残しました。ロンドンにもケンティッシュ・タウンという名の町があります。地下鉄の駅名にもなっているのですが、ロンドンにいたとき、地下鉄でここを通り、駅の名前を目にするたび、私は何かとてもお洒落な印象を抱きました。地下鉄はさほどきれいではなかったのですが。

もしかしたらこの言葉の中に、イングランドの最先端を切り開いてきたのだぞ、という昔のケントの人たちの気概が宿っているのかもしれません。言霊《ことだま》なのでしょうね。

イーストアングリア王国

East Anglia

飛び込んできた「窮鳥」

エゼルベルト後を待つ

北海《ほっかい》に面したイングランド東部に、瘤《こぶ》のように突き出た地域があります。この瘤を南北に二分した上の部分、つまり北半分がノーフォーク州、南半分の瘤はサフォーク州です。両州の土地は平坦で、また肥沃《ひよく》なことから、歴史的にそのほとんどが農地として用いられてきました。もちろん、現在もイギリスの農業生産に大きく貢献している豊かな地域です。

この瘤はイングランドの最東部に位置し、また海の中に突き出している形状のため、大陸からの侵入にさらされやすい地域でした。そして事実、アングロサクソン人が渡ってきた主要ルートの一つでした。『教会史』はユトランドの地のサクソン人、ジュート人、アングル人といったアングロサクソン各部族のうち、アングル人がこの地にやってきたことを記しています。

この瘤の地域を中心にして、今から千五百年ほど前、現在では人口三千人ほどの小村にすぎないダニッチを首都に、アングロサクソン人の王国イーストアングリアが誕生しました。王国の名前のアングリアがアングルに由来しているのはいうまでもありません。

イーストアングリア王国の王様で実在が確実視されており、またよく知られているのはレドワルド（在位?―六二四あるいは五）でしょう。彼はケントのエゼルベルト王に次ぎ、アングロサクソン王国中で第四番目の覇王に挙げられている実力者です。王国としてのイーストアングリアの歴史は、このレドワルドから始まったと一般的には解されています。

レドワルドといえば、「ケント王国」の章でも触れたケントのエゼルベルト王との関係です。エゼルベルトがアングロサクソン人の王国に君臨している間は、レドワルドは自国内に力を蓄えつつ、しかしエゼルベルトに面と向かって抵抗するようなことはせずに、腹に一物を秘めながらじっと我慢していたようです。これがよくわかるのは、レドワルドがエゼルベルトからしつこくキリスト教への改宗を迫られていたときでした。

そのとき、レドワルドは長らくケントに滞在していました。それが彼の自由意志によるものか、引っ張ってこられたものかどうかはわかりません。が、この「敵地」に缶詰にされている間、エゼルベルトからキリスト教への相当な改宗圧力をかけられたようです。やがて彼はイーストアングリアに帰り、とある寺院にキリストのための祭壇を建てます。でも、これはエゼルベルトの顔を立てただけのこと。その寺院には自分たちの伝統的な神々の祭壇もあり、レドワルドはそこへも通い続けていました。

要するに、レドワルドは自分たちの神々への信仰を捨てようとは少しも思っていなかったのです。そこには、彼の妻や取り巻きたちの猛烈な反キリストの後押しも手伝っていました。エゼルベルトにしてみれば、キリストの祭壇が建ったと聞いて、そうか、あいつやっとその気になったかと、さぞや嬉しかったことでしょう。どっこい、レドワルド、顔の半分であかんべえをしていたのです。

レドワルドとエゼルベルトとの関係で、さらに付け加えておきたいことがあります。それはレドワルドが、自分の上王（王の上に立つ王）としてエゼルベルトに従いながらも、自らの王国における軍事指揮権まではエゼルベルトには渡さなかったとされていることです。おそらく、レドワルドは一定程度の、いやかなり強力な軍隊を持っていたと想像されます。というのは、彼はエゼルベルト亡き後にめきめきと台頭してきます。これは、ある程度の軍事力がもともと備わっていないとできません。けれども、彼の軍隊が、たとえ一か八か的な賭けに出てでもエゼルベルトと一戦を交えるということはありませんでした。この時代、やはり人物が全てだったのです。

――あいつには、おれは絶対かなわない――

同じゲルマンの首長として、レドワルドがしみじみ器量比べをしてみたとき、エゼルベルトは抵抗しようという気を起こさせないほど、スケールの大きい人物に見えたのでしょう。レドワルドにできること。それは寿命比べをしてみることでした。エゼルベルトと。

――あいつより長く生きてやる。そしたらチャンスが必ず来る――

こんなふうに考えていたのでしょう。きっと。そして、六一六年。重圧だったエゼルベルト王が世を去ります。この瞬間、耐え、頑張ったレドワルドが、今度はアングロサクソンの神々を代表して、リベンジするときが訪れたのでした。

反キリストを旗印に

さて、エゼルベルトの後継者となったケント王エアドバルトは、いっときキリスト教を廃棄して元の自分たちの信仰に戻ったことは前に述べました。

同じ時期、ケントが支配を及ぼしていたエセックス王もキリスト教を捨て、伝統的な神々への崇拝に回帰します。実は、この動きの背後にレドワルドがいたのです。

レドワルドはエゼルベルトの死と共に、アングロサクソン王国の盟主となるために動き出しました。そのとき彼が掲げたのが、アンチ・キリストでした。キリスト教を旗印に覇をとなえたエゼルベルトとは正反対のやり方です。おそらくレドワルドの反キリストの旗印は、アングロサクソン諸王国の王たちにとっては、ほっとできるものだったのではなかったでしょうか。エゼルベルトのキリスト教の押しつけによって教会を建てるはめになったり、寄進させられたりで、出費がきつかったに相違なかったからです。ですから、ミドルセックスからエセックス一帯にかけてすぐにレドワルドになびいていったのもうなずけます。本来イーストアングリア王国は軍事的に強国でしたから、覇を打ち立てる動きは粛々と進んでいきました。しかし、そんなレドワルドの野望の前に立ちふさがったものが二つあったのです。

一つは、やはりキリスト教です。いったんブリテン島のアングロサクソン人の世界に入ってきたこの新しい教えは、まだ日が浅いとはいえ、急速に人々の間に浸透していました。布教の最前線にいるキリスト教の聖職者たちは、徒手空拳ながら案外と粘り腰でした。おまけに教会のリーダーたちはみんなローマ人であり、知的水準も図抜けています。またラテン語というアングロサクソン人にとってはわけのわからない言葉を喋るある種の薄気味悪さは、畏敬すべき者としての貫禄が、というかはったりが十分でした。

そんな聖職者たちがキリストを戦士、英雄、戦う王子といったような、基本的には戦士社会のアングロサクソン人に受け入れやすいシンボルに解釈して教えるのですから、広がっていくのは納得できます。実際、この頃、キリストはアングロサクソン人にとっては偉大な戦士と見られていました。『十字架の夢』(The Dream of the Rood)という古英語で書かれたこの時代の詩がありますが、これを読むとこのことがよくわかります。

ですからケントのエアドバルトにキリスト教をやめさせ、してやったりと喜んだレドワルドも、カンタベリー大司教ラウレンティウスの巻き返しには驚いたことと思います。そして、再びエアドバルトがキリスト教に戻っていく現実を見て、キリスト教勢力が持つ武力とは本質的に違う「強さ」を認識したことでしょう。レドワルドは、再度エアドバルトにキリスト教を捨てさせるよう圧力をかけることもできました。ケントとイーストアングリアの力関係は逆転していましたから。が、結局しませんでした。ともかくも、自分のいうことを聞いてキリスト教を一度はやめたことでも明らかなように、エアドバルトの頭は自分が抑えている、つまり、ケントを自分は実質上支配しているぞ、という実をとったのです。

立ちふさがった北の強敵

レドワルドの前に立ちふさがった二つ目は、北の強敵、バーニシア王国のエゼルフリッド王（在位五九二―六一六）でした。バーニシアは六世紀末、ハンバー川のはるか向こうのアングロサクソン人が建てた最北の王国で、その南隣のデイラ王国とともに、後にノーサンブリア王国に統合されますが、このエゼルフリッド王がなかなか獰猛な人物だったのです。彼はバーニシアの王位につくやいなや、野心もあらわに領土拡張を目指し、北に、西に、南に猛烈な勢いで攻勢に出ます。北ではスコット人の王アイダン率いるダルリアダ軍を壊滅的に撃破、これを遠く追いやり、また長駆、西方ではチェスターでウェールズのポウィズ王国軍を粉砕します。

エゼルフリッドは、こうして、北のスコット人、西のウェールズ人を撃破して勢力を広げていきました。が、実は北のスコット人を撃破した直後の六〇四年に彼は、ある野心的な侵攻を企てたのです。それは、同じアングロサクソン人の王国で、南隣りにあるデイラを征服することでした。そして、あっという間の電撃戦でデイラを降します。しかし、デイラの王族殺戮を試みるエゼルフリッドの手から巧みに逃れた者がいました。デイラの王位継承者である王子エドウィンです。

エドウィンは逃れた後、亡命者として各王国を転々としながらエゼルフリッドの執拗な捜索を逃れ、最後にイーストアングリアのレドワルドの許に身を寄せるのです。さあ、思いがけない窮鳥《きゅうちょう》がレドワルドの懐に飛び込んできてしまいました。吉と出るか、凶と出るか。

乾坤一擲、アイドル川

エゼルフリッドから逃れるため、わずかな側近たちと共にイーストアングリア王国に密かにやってきたエドウィンを、レドワルドは迎え入れました。

夫を動かした妻の叱咤

そしてエドウィンに追跡者から保護するから安心して滞在するようにと約束します。このことは、どんな意味を持っているのでしょうか。

エドウィンを匿《かくま》うことはバーニシア王国のエゼルフリッドとの間がうまくいかなくなり、戦いになることも十分考えられます。もちろんレドワルドは、スコット人やウェールズ人を壊滅させたエゼルフリッドの強さを十分知っています。その上でエドウィンを保護したのです。ですから、イーストアングリアとバーニシアが、いつかは激突するときがくるだろうということは、レドワルドにとっては織り込み済みだったと考えてもいいはずです。

その場合、エドウィンを擁していることは、もしその来るべき大一番に勝てば、とてつもない吉となる確率が大です。エドウィンは北の一方の雄デイラの王位継承者ですから、エドウィンにデイラはもちろん、負かしたバーニシアも支配させれば北は安定します。そのエドウィンを支えたレドワルドは当然彼の上王となります。レドワルドはすでにケントやエセックスなどイングランド南部の支配を確立していましたので、一気にハンバー川の北と南の覇権を手に入れることになります。覇王です。大吉です。

もちろん、エゼルフリッドに負けたら全てが水泡に帰します。泡どころか、殺されてしまいます。つまり、エドウィンを保護したということは、その時点で天国か地獄かしか行き先がなくなってしまったことを意味しているのです。「大丈夫。守ってあげる」と約束した以上、もうルビコン川を渡ってしまったのですから、あとは、もう、エゼルフリッドが何をいってこようと、何を仕掛けてこようと、腹をくくって、どんと構えていくしかありません。それが覇王への道です。でも、レドワルドはそんなにどんとしてなかったのです。

バーニシア王のエゼルフリッドは、エドウィンが匿われていることを知ると、すぐにイーストアングリアに使者を送ってきました。使者は、レドワルドにエドウィンを引き渡すようにというエゼルフリッドの要求を伝えます。そして、その見返りとして多額のお金を渡しました。レドワルドはとりあえずお金を受け取りますが、このときは何をどうするとも返事をせず、動きません。

すると、エゼルフリッドは二度、三度と使者を送ってきます。そしてさらに多くのお金を積んで、今すぐエドウィンを差し出すか、殺せ。拒否すれば攻め込むだけだと、だんまりを決め込むレドワルドを脅しにかかります。初めはお金だけもらってとぼけていたレドワルドも、戦意満々のエゼルフリッドに本気で脅され、にわかに腰が引けてきました。

――あの男と戦うのか。あいつ、強いからなあ――

で、レドワルド、わかりました、エドウィンを殺します、と使者に約束してしまうのですから何とも……。そこが、ケントのエゼルベルトと比べて器《うつわ》が小さい点です。しかし、そのままことが進行してしまわないのも、また世の中の面白いところです。すっかりエゼルフリッドに恐れをなしたレドワルドを彼の妻が叱りつけます。

――エドウィンのようなわが王国の最上の友人で、誠実な人を、お金で失うのはどのような理屈をもってしても正当化されないわ――

こう、夫を諫《いさ》めたとベーダは記しています。しかし、これは『教会史』特有のモラルめいた言い回しの一つで、実際に妻がレドワルドを戒めたとしたのなら、このようなこともいったかもしれませんが、彼女が一番強調したのはエドウィンを擁している利でしょう。そこを、意気消沈しているレドワルドに強く再確認させたのだと、私は思います。

――エゼルフリッドになびいてどうするのっ。エドウィンを殺したって早晩、エゼルフリッドとは戦う運命でしょう。だったら、ここでエドウィンを擁して乾坤一擲《けんこんいってき》よ。勝てば、全てが手に入るのだから――

レドワルドの妻は、以前彼がケントのエゼルベルトの圧力に抗してキリスト教への改宗を拒んでいたときも後押しをしました。そして今度も、どうも精神的に弱いところがあるレドワルドを奮い立たせ、野望を焚きつけます。まるでマクベス夫人みたいです。結果、レドワルドは決心します。エドウィンと共にエゼルフリッドを打ち破るのだと。

アイドル川での勝利

こうと決めたら、レドワルドの動きは電光石火でした。エゼルフリッドは使者の情報からレドワルドがこちらになびくのは間違いないと、油断をしています。というか、そろそろエドウィンの首が届く頃だといった慢心状態だったでしょう。今がチャンスです。レドワルドは速やかに全軍を結集させるや否や、駆けに駆けます。このとき、レドワルド軍はローマ道を使ったとされています。ローマが支配していた頃、ブリテン島の要所要所には道路網が張り巡らされていました。イーストアングリアから北上するレドワルド軍は、このローマ道をひたすら駆けたのです。

レドワルドが立ったという報に、エゼルフリッドは「何っ」とばかり、大慌てで集めた手勢を引き連れて南へくだります。とても全軍を召集している時間はありません。

ときに、六一七年四月十二日。エドウィン・レドワルド連合軍とエゼルフリッド軍は、デイラ王国とマーシア王国の境界を流れるアイドル川の東側で激突しました。これがアングロサクソン時代を通じて名高いアイドル川の戦いです。現在のイングランド中東部、ノッテインガム州の町イーストレトフォードの南に位置するイートン村付近が戦場だったといわれています。

四番目の覇王レドワルド

明らかにエドウィン・レドワルド連合軍は数において優勢でした。不意をつかれたエゼルフリッドは兵力が足りません。それでも、さすが、戦い慣れしたエゼルフリッド軍は勇猛で、ためにレドワルドの息子の一人レゲンヘレは討ち取られてしまったほどです。しかし、奮戦もここまで。衆寡《しゅうか》敵せず、やがてバーニシア軍は壊滅し、エゼルフリッドは殺されてしまいました。そう。王は戦士であり、兵の先頭に立って戦う時代でしたから、負けは王の死に直結します。厳しい時代でした。

勢いをかった連合軍はそのまま敵の本拠地バーニシアへ突き進み、これを征服します。ここに、亡命者だったエドウィンは晴れてデイラに戻ります。そして征服したバーニシアとデイラを統合して、大国ノーサンブリア王国を創りその国王となったのです。

このエドウィンの後ろ盾に、レドワルドはなりました。エドウィンは自分をここまで押し上げてくれたレドワルドに大きな恩を感じていましたので、何事もレドワルドのいうことには素直に従いました。彼の存命中は。

いまや北の大国となったノーサンブリアをその支配下に置いたレドワルドは、とうとうアングロサクソン人の王国の盟主となったのです。『年代記』は、彼を四番目の覇王にあげています。妻に尻を叩かれて立ち向かった乾坤一擲の大博打は、こうして大吉をレドワルドにもたらしたのでした。そして、アイドル川の戦いからしばらく経った頃、レドワルドはこの世を去りますが、実際の没年は不明です。彼はイーストアングリアを最盛期に導きました。しかし、彼の死後は、イーストアングリアは下降の一途をたどっていきます。覇権はノーサンブリアのエドウィンに移るのです。

キリスト教徒の王たち

その後のイーストアングリア王国の動きをざっと紹介しましょう。レドワルドの後を継いでイーストアングリア王となったのは息子のエアルプワルドでした。彼は、レドワルド亡き後のアングロサクソン人王国の強力なリーダーであり、この頃キリスト教の強力な庇護《ひご》者になっていたエドウィンによって改宗させられ、イーストアングリア初のキリスト教徒国王になります。しかし、すぐに従来の反キリスト教勢力による反乱が起き、リクベルトという正体がよくわからない者にエアルプワルドは殺されます。リクベルトはその後三年ほど王国を支配したようですが、エアルプワルドの異母兄弟で大陸のフランク王国に亡命していたシグベルトによって、王位を追われます。

シグベルトは父親レドワルドの怒りを買い、フランクへと逃げていたのです。彼はその地で洗礼しキリスト教徒になっており、帰還し王位につくとキリスト教を復活させ、これを厚く保護します。イーストアングリアは、このシグベルトのときから完全にキリスト教王国となったと見ていいでしょう。やがてシグベルトは国政を義弟のエグリックにまかせ、修道院に入り祈りの生活に身を委ねます。

弱くなっていく王国

ちょうどこの頃、ウェールズと境を接していたイングランド内陸部のマーシア王国がペンダ王のもと勢いを強め、イーストアングリアに侵攻してきました。劣勢に立たされたイーストアングリア軍は、隠棲したとはいえ、未だに人望の厚いシグベルトのもとに使いを送り、兵の士気を高めるため再び軍に加わって欲しいと懇願します。これに応えシグベルトは修道院から出て、義弟のエグリックと共に軍を率いて強敵ペンダに相対します。が、二人とも討たれてしまい、イーストアングリア軍は四散します。六四〇年頃に起こった戦いでした。

シグベルト、エグリックが戦死した後、王位を継いだのはアンナです。彼はレドワルドの弟エニの息子、つまりエアルプワルドの従兄弟でした。アンナもキリスト教を熱心に保護した王様で、ベーダは『教会史』の中でその人となりと行動を褒めちぎっています。けれども、アンナもまた、二度目のペンダのイーストアングリア侵攻の際、戦いで殺されます。六五四年のこととされています。

その次に王になったアンナの弟のエゼルヘレは、ノーサンブリアと対峙した六五五年のウィンウェド川の戦いでは一隊を率いてペンダ軍と行動を共にしていました。が、オスィ王率いるノーサンブリア軍に包囲され、孤立無援の中でエゼルヘレ王とその部隊が全滅したとされています。ペンダ軍に見捨てられた恰好で、見方によっては彼もペンダに殺されたといえるのかもしれません。つまり、シグベルト、エグリック、アンナに、エゼルヘレも加えるとすれば、実に四人もの王が立て続けにペンダ率いるマーシア軍によって討ち取られた、もしくは結果的にそうなったということになります。何かこう、国をあげてキリスト教になってから、イーストアングリアはすっかり弱くなったような気がします。一方、このときのペンダ王のマーシアは、まだアングロサクソン伝統の神々を奉じていました。考えてみれば、あの強かったローマもキリスト教を公認してからはゲルマンに押されっぱなしで、ついに西ローマは滅びましたし、後年、完全にキリスト教化されたアングロサクソン人が異教徒のデーン人にほとんど歯が立たなかったのも、何か偶然ではないような気がします。

なお、このデーン人（デンマーク人）ですが、ブリテン島に襲来したヴァイキングは彼らだけではなく、ノルウェーなどスカンジナビアからも多数来ていました。ただ、英国史では伝統的にヴァイキングをデーン人と総称していますので、本書もそれに従っています。ともかく、イーストアングリアは衰えていく一方でしたが、あの英国史に名高い八六五年の「大異教徒軍団」（the Great Heathen Army）と呼ばれるデーン人大襲来までは、どうにか存続していた四つの王国のうちの一つでした。ちなみにこのときまで続いていた王国は、ノーサンブリア、マーシア、イーストアングリア、ウェセックスでした。そして、いまも礼拝者が絶えないサフォーク州のセント・エドモンドバリー大聖堂に祀られている聖エドモンド王の治世のときに、イーストアングリアは王国としての幕を閉じるのです（この王国については改めてエピローグで紹介します）。

サトン・フーの船に眠っていた王国

伝承の船葬を再現した塚

サフォーク州を流れるデベン川の河口から少し上流に、ウッドブリッジという川沿いの町があります。この町の船着場の対岸、方角でいうとデベン川の東側に小さな村があります。村の名をサトン・フーといいます。ときは一九三八年、第二次世界大戦が始まろうかという頃でした。エディス・メイ・プレティ夫人はサトン・フー一帯の土地を所有していました。

実は、この村には古くからある噂がありました。このあたりには、莫大な宝が埋まっているというのです。村には、塚から金らしきものを見つけたという者もいました。サトン・フー界隈には、デベン川を見おろす断崖の縁沿いに小高く盛りあがった二十ほどの塚、つまり墳丘墓《ふんきゅうぼ》があり、それらは、はるか昔からそこにあったのだと、村人によって語りつがれてきました。塚のうちの数個は、だいぶ前に盗掘の跡がありましたので、村人たちは自然と、これらの塚には昔この地を治めていた身分の高い人物、たとえば王様とかいったような人が財宝と共に葬られているにちがいないと信じていました。

プレティ夫人も村に伝わる噂には、ずっと大きな関心を抱いてきました。そして、ついに自分の広大な土地にあるこれら墳丘墓を掘ってみることにしたのです。夫人はサフォーク州のイプスウィッチ市立博物館の考古学担当官と共に発掘作業を始めました。残念ながら発掘一年目は、それらしきものは見つからずに過ぎました。

翌年、すなわち一九三九年の五月、二人は後に「サトン・フー1号塚」と呼ばれるようになる楕円形の墳丘墓を掘ることにしました。この1号塚は前年発掘を始めるとき、盗掘された形跡が見られたため、調査が見送られていたのです。

塚の東側から溝を掘り進めていくうちに、土の中に鉄の鋲《びょう》がいくつも、いく列も、整然と並んでいることに気がつきました。さらに二人は、この塚の真ん中に空洞になっている部分があることを発見します。この塚にはいったい何が埋まっていたのか、清掃作業が進むに連れて、驚くべき全体像が明らかになってきました。

図5　サトン・フーの船

そこには船が埋められていたのです。塚の真ん中の空洞部分は船の中央の船室の跡で、長い年月で木材が腐食してなくなってしまったため、空間だけが残されていたのでした。また、楕円形の塚の形も、船がまるまる埋められていたのなら説明がつきます。ここは、アングロサクソンの時代、人々が勇者や首長の亡骸を船で海に送ったとされる伝承の「船葬」を陸上に再現した塚だったのです。

——サフォークで六、七世紀の船を埋めた塚が発見された——

噂はイギリス中を駆け巡りました。ほどなくケンブリッジ大学や大英博物館をはじめとした研究機関の学者、専門家たちが集まり、組織が作られました。そして大戦による中断の後、サトン・フー1号塚の本格的な学術調査が開始されました。この通称「サトン・フーの船塚」は、それまで伝説と歴史の境界を漂っていたアングロサクソンの時代を、一気に実在の世界に引き寄せるイギリス考古学史上の大発見だったのです。

埋葬者はレドワルドか

幸いなことに、塚は内部まで盗掘が及んでいませんでしたので、後にこの時代の歴史を塗り替えることになる夥《おびただ》しい、また貴重な埋葬品がぞくぞく出てきました。中でも、驚きも最大なら、大きさも最大の発見は何といっても船そのものでしょう。船体、つまり船を作っている木材は腐敗していて何も残っていませんでした。しかし、船板をつなぎとめる鉄鋲は、そのままの位置に腐食しながらもありました。また、船主と船尾の反《そ》った部分を除き、柔らかい土に船全体の跡が刻印されたようにくっきりと残っていました。それにより、この船の形と大きさをほぼ正確につかむことができたのです。

船は長さ約二十九㍍《メートル》、最大幅約四・四㍍《メートル》ありました。この時代のものとしては最大級の大きさです。船体の中央部には副葬品や遺体を置くための、長さ五・五㍍《メートル》ほどの船室が作られ、その天井には切妻《きりづま》風の屋根が載せられていたようです。

船はどのようにしてここに埋められたのでしょうか。船はデベン川から陸に上げられ、みんなの力で断崖を引っぱり上げられたようです。崖は三十㍍《メートル》はありますから、それは大変な作業だったことでしょう。船はそして、あらかじめ掘られていた溝の中に置かれました。この段階で、棺や副葬品を収める切妻屋根を持った船室が作られました。最後に船が置かれた溝は土で覆われ、楕円形の小山状になったのでした。

問題は、この船塚に葬られた人物は一体誰なのか、ということです。それは船室から出てきた多様な埋葬品がヒントになります。まず武器です。金の柄頭《つかがしら》を持つ剣、金銀をちりばめた顔覆いのついた兜《かぶと》、多数の槍、斧、ナイフ、円形楯などです。銀の大皿や小皿、スプーン、銀を象嵌《ぞうがん》した角杯などの食器類もあります。竪琴《たてごと》といった楽器も出てきました。装飾品では、見事な工芸が施された金製の大バックルと小バックル、ボタン、財布などが見つかりました。

王権を象徴する品々もありました。長さ百八十八㌢の鉄製の軍旗と、長さ六十㌢の王笏《おうしやく》です。また、フランク王国メロビング朝時代の金貨が三十七枚発見されました。これらの金貨はおおよその製造年がわかっており、出てきたもののうち一番新しい金貨は六二〇年から六二五年の間に造られたことが判明しています。

これらの埋葬品から判断すると、ここに葬られた人物はイーストアングリアの王であるのは確実です。そして、少なくとも六二〇年代以降に王位にあって、しかもこれだけの豪華な副葬品と共に葬られるのに値する人物は誰なのかを考えると、浮かんでくる王は絞られます。すなわち、エドウィンを推してエゼルフリッドをアイドル川の戦いで打ち破り、ハンバー川の北と南に覇を唱えたレドワルド王こそ、この船塚の埋葬者にふさわしい人物ではないか、という声が強いのもうなずけるのです。

当然、異論もあります。レドワルドでは時代が少々早すぎる。アンナか、あるいはその次のエゼルヘレではないか、とする説です。こういう異論があるのは、レドワルドの正確な没年がよくわかっていないからです。また、そもそもこの塚は実際に人間を埋葬した墓ではなく、王の業績を讃えた記念碑的な、王国のシンボル的な塚だという説もあります。

いずれにしても被葬者が誰であれ、また実際の墓にせよ、象徴的な墓であるのにせよ、サトン・フーの船塚がこれまで伝説的な時代だったアングロサクソン王国初期の姿を、かくも多くの発掘品によって人々の前に現出したという事実は、イギリス史にとって感動的でした。

甦るベーオウルフの世界

そして、さらに人々を驚かせたことがあります。サトン・フーはイギリス国民が世界に誇るアングロサクソン時代の一大叙事詩『ベーオウルフ』のタイムカプセルだったのです。では、『ベーオウルフ』とは、どんな内容の叙事詩なのでしょう。大雑把ですが、次にまとめてみます。

――スウェーデン南東部のイェアト族の勇士ベーオウルフは、怪物グレンデルに苦しめられているデネ（デンマーク）の民を助けるため、戦士十四人を従え船で海を渡りデネの地にやってくる。彼はついにグレンデルを退治し、復讐に燃えて挑んできたグレンデルの母もやっつける。デネの民の感謝の中、ベーオウルフと戦士たちはイェアトの地に帰還する。やがて彼はイェアトの王になり、スウェーデン王と戦い、これを撃退し民族の英雄となっていく。晩年、ベーオウルフは人々を苦しめる竜を退治するため老体を押して闘いを挑み、見事これを仕留める。が、自らも傷つき、後継者の勇士ウィーイラーフに見とられ死んでいく。ウィーイラーフは壮大な火葬でベーオウルフを送る――。

この詩の作者は不詳であり、詩の原型はアングロサクソン人がブリテン島に渡ってくる前からできていました。やがて彼らの移住と共に、この叙事詩もブリテン島に持ち込まれ、八世紀の初頭に成立したといわれています。

この詩の中に、デネの王が世を去り、人々がその亡骸を数々の財宝と共に船に乗せ海に流す、いわゆる船葬を描写した場面があります。サトン・フーから船が出てきたとき、人々は驚きました。それは、『ベーオウルフ』に謳われた世界そのものだったからです。そして、さらに『ベーオウルフ』の記述と、サトン・フーからの出土品が見事に一致し、人々をさらなる感動に誘ったのが、詩の次の一節です。

貴殿らはいずこより、
その金色に輝く盾を持ち来られたか。
その灰色に光る鎖かたびらを、
その顔おおいのついたかぶとを、
そのおびただしき数のいくさ槍を。
それがしはフローズガール王の使者、
その側近である。
未だこのように勇ましい異国のかたがたを、
かくも大勢お見受け申したことなし。

（『ベーオウルフ』長埜盛訳）

これは、デネに上陸した勇壮な出で立ちのベーオウルフたちイェアトの戦士を、フローズガール王の側近が畏敬の念を込めて、手厚く迎えるシーンです。ここで側近が賞賛しているものは全てサトン・フーの船塚から発見されました。すなわち、金で飾られた盾がでてきました。鎖かたびらもでてきました。そして、「顔おおいのついたかぶと」が発見さ

図６　顔おおいのついたかぶと
（大英博物館所蔵）

れました。この兜は埋葬品の中でも、最も素晴らしいものの一つです。これを復元したものは大英博物館で見ることができます。金銀の細工が施された第一級の芸術品です。そう、サトン・フーの船塚は、これまで蜃気楼《しんきろう》のように遥か彼方に漂うかのような存在だったアングロサクソンの時代を、一気に現実のものにしてくれた世紀の大発見だったのです。

それにしても、この「顔おおいのついたかぶと」、怖くて、かっこよくて、強そうで、ミステリアスで、そして最高に素敵です。私にとっては、これがベーオウルフです。

ノーサンブリア王国

Northumbria

エドウィンの大逃避行

デイラとバーニシア

五世紀の半ば、ブリテン島に上陸したアングロサクソン人がケント王国を成立させたのはすでに述べた通りですが、その一部はさらに北上を続けます。やがて彼らはヨークを中心とした地に定着し、六世紀の始め頃王国を築きます。これがデイラ王国です。ハンバー川（the Humber）の北部は、ケルト系諸族やスコット人、またローマがブリテン島を支配していた頃にヨークやハドリアヌスの長城を守っていたゲルマン人傭兵の子孫たちが多く住む地域であり、新たに侵入してきたアングロサクソン人とは絶えず抗争関係にありました。

こうして成立したデイラ王国で実在が確実視されているのが、六世紀前半に王位にあったイッフィです。イッフィには、アエラとエルフリックという二人の息子がありました。『年代記』は、イッフィ亡き後、五六〇年に王位を継いだのがアエラだと記しています。アエラは「ケント王国」の章で、ブリテン島からローマに連れてこられた少年奴隷たちが教皇グレゴリウスに答えた彼らの王の名です。また、デイラは少年奴隷たちの故郷の王国でした。アエラは、エドウィンの父親だったとされています。

一方、アングロサクソン人の別の一派は、デイラの地を越えてさらに北上を続けます。そして現在のノーサンバーランド州とダラム州にあたる地域に定住します。そして、ハンバー川の北側にもう一つの王国、バーニシアを建てます。

ちょっと先のことになりますが、これらデイラとバーニシアの二つの王国がのちにエドウィンによって統合され、ノーサンブリア（Northumbria）王国となるわけです。ノーサンブリアはNorthumbriaとも書き、この綴りからもハンバー川の北の地を意味する言葉であることがわかります。なおハンバー川より南は広くサウサンブリア（Southumbria）とも呼ばれましたが、こちらはさほど一般的ではありません。

さて、六世紀も終わろうかという五九二年。バーニシアの王位に、「イーストアングリア王国」の章でも触れたエゼルフリッドがつきます。エゼルフリッドは猛々しい王でした。

彼はバーニシアの領域拡大を目指し、積極的に周囲に打って出ます。もともと、ハンバー川北部に成立したアングロサクソンの二つの国は、ブリトン人やスコット人の王国に囲まれていましたので、細かな争いは日常のことでした。それを、エゼルフリッドは徹底的に叩く作戦に出たのです。

とくに、六〇三年に行われたバーニシアの北隣りにあるスコット人のダルリアド王国との間で行われたデグサスタンの戦いは、ブリテン島の北の覇権をかけた大一番でした。デグサスタンの正確な位置は現在では不明ですが、スコットランド南部リンデスデイル区内のどこかではないかと考えられています。この戦いで、ダルリアド王アイダン・マック・ガブレインの軍は壊滅し、アイダンは少数の者と逃亡したと『教会史』や『年代記』は伝えています。

エゼルフリッドも、この戦いで兄弟のテオバルドを失います。ですから相当な激戦だったのは確かですが、終わってみればダルリアド軍は壊滅していました。この戦い以降、いかなるスコット人の王も、アングロサクソン族に敢えて戦いを仕掛けるようなことはなかったと、『教会史』は伝えています。この戦いがスコット人に対する痛烈な打撃だったことは疑いありません。

けれどもまた妙なもので、これでアングロサクソン人の王国バーニシアとスコット人たちの関係が決定的に悪くなるということはありませんでした。のちにエゼルフリッドに追われたデイラの亡命者エドウィンが戻ってきて、バーニシアを攻めこれを征服した際、バーニシアの王族たちはこのスコット人の国に逃れ、そこでかくまわれたのです。バーニシアとスコット人との間には、婚姻によって結ばれている絆があったともされています。ですから、たとえ戦ってはいても、それがこのデグサスタンの戦いのように一方的なものであっても、リリーフラインは残してあったのでしょう。お互いが本当にいざというときのために。隣国同士の戦いというものは、なかなか含蓄があります。

エドウィン脱出

翌六〇四年、エゼルフリッドは侵略の矛先を今度は同じアングロサクソン人の王国デイラに向けます。デイラのバーニシアへの併合を目論んでいたのでした。エゼルフリッドは大軍を率いて急襲し、このときデイラの王位にあったエゼルリックを殺します。エゼルリックはエドウィンの叔父、あるいは長兄ではないかとされている人物です。

王国のトップである王様が討たれてしまいました。デイラは完全にエゼルフリッドによって征服されてしまったわけです。エゼルフリッドは勝ち誇り、アエラの娘でエドウィンの妹アクハを妻とします。勝者による無理矢理婚ですからアクハは嫌だったでしょう。でもこの二人からは後にベーダによって絶賛されるキリスト教徒国王で死後に聖人となるオスワルドが生まれてくるのですから、世の中わからないものです。

そして、アエラの子で、デイラの正当な王位継承者であるエドウィンも、王国が乗っ取られて騒然とする中、脱出に成功しました。このときエドウィンは十七歳でした。

彼が最初に亡命したのはグウィネズでした。この王国は、ウェールズ北西部に六世紀初頭までには成立していました。ウェールズの地は、ブリテン島に侵攻してきたアングロサクソン人たちからブリトン人（ケルト人）が死守したブリテン島の西部であり、彼らの聖域です。地理的概念としてのウェールズはこの頃から現在までほとんど変わっておらず、面積は日本の四国に東京都二十三区を合わせたくらいの大きさです。ここに、このグウィネズを始め、アングロサクソンの王国マーシアと境界を接した北東部にはポウィス、南西部にはダヴェッド、西部にはケレディギオンといった王国がありました。

それにしても、アングロサクソン人とは敵対関係にあるウェールズ人の王国に、エドウィンは逃げていきました。大丈夫だったのでしょうか。デイラやバーニシアといったハンバー川以北のアングロサクソン人の王国は、北に追われたブリトン人やスコット人といったアイルランド系ケルト人に周りを囲まれている地域に成立しました。ですから、彼らと戦うにしろ、結ぶにしろ、とにかく接触をしないとやっていけない環境にあったことは確かでしょう。人数的にもアングロサクソン人の方が多かったわけではありませんでした。従って、エドウィンとグウィネズ王国の間には何らかのパイプがあったはずです。

また、この頃ブリトン人に対して攻撃的だったのは、エドウィンのデイラ王国ではなくエゼルフリッドのバーニシア王国だったことも見逃せません。そのエゼルフリッドから逃れてきたエドウィンに、グウィネズ側はさほど敵愾《てきがい》心を抱かなかったものと想像されます。エドウィンを置いておけば何かのときの切り札になるという計算もあったでしょう。

エドウィンにしてみれば、同じアングロサクソンのバーニシアから侵略を受け、王は討たれ、王位継承者である自分もつかまったら殺されるのです。もうこの際、ブリトン人の国だろうが、逃げられるところならどこでもいいという心境だったのかもしれません。

カドヴァン王の厚遇

ウェールズのグウィネズに逃れたエドウィンは、王のカドヴァン・アプ・イアーゴに迎えられます。そして、実の息子のようにカドヴァン王から温かく扱われたということです。王にはもちろん実子がいました。カドワロンという名の息子です。王は、分け隔てなく二人に接したということですが、実はカドワロンとエドウィンの関係がよくなかったのです。偉大な父親の愛情を独占できないということで、おそらくカドワロンのほうに強烈な嫉妬心があったのではないかと推測されています。

後年、エドウィンがノーサンブリアの王になったとき、ブリテン島のあちこちに遠征を行い、自分を最初にかくまってくれたこのグウィネズにも侵攻してきます。これは、このときのカドワロンとの確執に原因があるといわれています。エドウィンにとっての保護者だったカドヴァン王はそのときすでに亡く、カドワロンがグウィネズの王になっていました。だからエドウィンにとっては、侵攻するのに何の気兼ねもいりませんでした。

マーシアの王女を娶る

さておき、カドワロンとの関係が悪くなりグウィネズに居づらくなったエドウィンは、次にアングロサクソン王国の一つで、中央イングランドのマーシアに身を寄せます。六一〇年頃とされていますから、グウィネズには六年ほどいたことになります。マーシアでエドウィンはケアルル王の保護のもと、安心した日々を過ごすことになり、やがてエドウィンをすっかり気に入った王は、娘クウェンベルガを娶《めと》らせるのです。

どうも、グウィネズのカドヴァン王に実の息子が嫉妬心をたぎらせるほど可愛がられたことといい、エドウィンは避難先の王様に気に入られる性格の持ち主だったようです。それは、亡命者の処世術として愛嬌があるとか、ごますりがうまいとかいうようなものは多少あったでしょうが、もっと本質的に彼らを惹きつけるものがあったように思えます。

——こいつは、すごいものになる。だから、関係を持っておいたほうがいい——

こう、思わせるだけの何かを、エドウィンは感じさせたのでしょう。エドウィンとクウエンベルガからは、オスフリッドとエアドフリッドという二人の息子が誕生します。彼らは父エドウィンとその生涯を共に歩み、そして共に終えることになるのです。

エドウィンが、三番目の亡命先のイーストアングリアに入ったのは、六一六年頃のことでした。居心地がよかったマーシアから移ったのは、エドウィンの行方を執拗に追い求めるエゼルフリッドの目をくらますためだったと考えられます。

エドウィンを迎えいれたレドワルドの動きに関しては、「イーストアングリア王国」の章で述べた通りです。つまり、エドウィンがここに匿われていることを知ったエゼルフリッドが、やつを殺すか引き渡せと使者を送って脅します。で、初めはエゼルフリッドを恐れて、いわれる通りにしようとするレドワルドですが、妻に叱咤され打倒エゼルフリッドへと一大方向転換するのでした。

強運と人の心を摑む魅力

ところで、エゼルフリッドの使者がレドワルドの王宮に来たとき、エドウィンはどうしていたのでしょうか。『教会史』によれば、エドウィンはもう逃れられないと、一人王宮の庭に出て悲観していたとしています。そんな彼の前に突如見知らぬ男が出現し、「あなたをこの危機から救い、王の中の王にしてあげよう」と語りかけたと、『教会史』は記しています。そして、「あなたにそのような約束をした者が、さらにあなたの一族がこれまで経験したことのない魂の救済のための助けを示すことができるとしたら、あなたはその者の言葉を受け入れるか」と、その人は尋ねたということです。エドウィンがこの言葉を受け入れ誓いを立てると、その人は忽然と消えたと『教会史』にあります。もうおわかりのように、この人物は神の化身です。

要するに、エドウィンがキリスト教に改宗し、広めることを約束すればこの危機から救い、かつ大きな地位にもつかせようという神の示唆ですが、いかにも教会人ベーダらしい書きようです。

ただ、ここからでもある程度の想像はできます。このとき、実際エドウィンは万事休すだったのでしょう。神にでもすがりたい気持ちでいるときに、本当に神様を出してしまうのですから、作家としてはベーダは芸がありません。

ここは単純明快に、エドウィンの運が強かったということなのです。運命というものは、本当にわかりません。この窮地での大逆転。これこそがいまもイギリス国民を惹きつけるエドウィンの最大の魅力です。

もちろん、マクベス夫人のようなレドワルドの妻は、この大逆転劇の最大の功労者です。もしも彼女が夫に喝《かつ》を入れなかったら、アングロサクソン時代のヒーロー、エドウィンは誕生しておらず、殺された哀れな逃亡者として終わっていたのかもしれません。

けれども、カドヴァン王やケアルル王を魅了したように、やはりエドウィンには何かがあり、それがイーストアングリアに来たときからレドワルドをも摑んでいたのでしょう。だからこそ、一度はエゼルフリッドに命じられるまま動こうとしたレドワルドも、思い直すことができたのだと私は考えます。運の強さに加え、人の心を捉えられることもヒーローの条件です。

そこからあとは、電光石火で軍を進めたエドウィンとレドワルドの連合軍が、態勢の整わないエゼルフリッド軍をアイドル川で打ち砕き、エゼルフリッドを殺し、勢いを駆ってバーニシアを占領し勝利を収めたのはご存知の通りです。

平和を実現したブレトワルダ

ノーサンブリア王国

アイドル川の戦いで討ち取られたエゼルフリッドには、年齢順にエアンフリッド、オスワルド、オスウィ、オスラックといった息子たちがいました。彼らの母親はアクハ、つまりエドウィンの妹です。ですから、彼らは伯父に父親を殺されたことになります。もっとも、その父親は伯父を殺そうとしていたのですから、自業自得です。

とにかく、いまは勝利の勢いを駆って進軍してくる伯父から逃げなければなりません。彼らはバーニシアが陥落する直前に脱出し、北のスコット人やケルト系諸国に落ちのびていきました。そこで、彼らバーニシアの王族たちは保護を受け、時を待つことになるのです。

エドウィンはバーニシアを征服すると、人々の歓喜の声に迎えられてデイラの首都ヨークに凱旋します。長い亡命生活は、ようやく終わりを告げました。そして、今後はバーニシアとデイラを合わせて一つの国とすることを宣言します。ここに、ノーサンブリア王国は誕生し、エドウィンはこの統一王国の王位につくのです。けれども、ようやく王様になれたからといって、エドウィンはすぐに動くということはありませんでした。彼は、ここまでこられたのはイーストアングリア王のレドワルドのおかげであることをよくわかっていましたから、何事においても彼を上に置き、そのもとで従っていました。

実際、エドウィンはレドワルドが死ぬまでは、目立った動きはしていません。ちょうど、ケントのエゼルベルト王が存命の間は、レドワルドは動ける力があるのに、あえてそうしようとはしなかったことと酷似しています。エドウィンも自分の本国デイラに加え、バーニシアをもわがものとしたのですから、いまや相当な軍事力を持っています。しかし、その力をレドワルドが生きている間に自分の野望の実現のために使うことはありませんでした。エドウィンにとっては、レドワルドへの借りはやはり大きく、精神的な縛りでもあったのです。そのレドワルドも、ついに世を去ります。

——死んだか。よし。これでもう遠慮はなしだ——

このときのエドウィンの心境は、こんなものだったのかもしれませんね。

エドウィンは、ブリテン島のあちこちを亡命者として逃げ回り、絶えず命の危機にさらされ、人の何倍も苦労してきました。そんな彼だからこそ、長い間温め、育てていた野望がありました。ブリテン島を統一する。そして、この島に大きな平和をもたらすのだ、という夢が。エドウィンは、その実現を目指し、いよいよ動き出します。

ケントのエゼルベルガと結婚

まずエドウィンがとった行動は、ケント王国と同盟を結ぶことでした。

これは推測ですが、私は、彼は亡命中にケントに行ったことがあるのではないかと考えています。グウィネズやマーシアのような長期間の滞在ではなかったにしても、この両国のいずれかにいる間に一時的に出かけていったか、あるいはケントの使者が彼を訪ねてきたとかいったことはあったのではないでしょうか。そういう下敷きがあればこそ、同盟に結びついたのだと考えるほうが、より自然だと思えるのです。足かけ十四年に及ぶ亡命生活を送っていたのですから、ケントと何らかの形でコンタクトを取る時間は十分あったはずです。

この、六二五年に結んだケントとの同盟は、当時では画期的なことでした。このときまで、アングロサクソンの王国間の公式な同盟というものはなかったのです。もちろん、これは軍事を第一とした攻守同盟であり、その手始めとして、ノーサンブリアとケントは連合してワイト島を攻めます。ワイト島はイングランド南部にある島で、ここには独自の王がいましたが、実質的にはウェセックス王国の保護下にありました。そこを攻め、ワイト島をノーサンブリア・ケント連合の支配下に組み入れたのです。このワイト島攻めは、ケントの要望によってなされたものでした。

そして、同じくこの六二五年には、両国の同盟を象徴する出来事がありました。ケント王エアドバルトの妹エゼルベルガと、エドウィンが結婚したのです。この婚姻は、エドウィンがエゼルベルガをぜひほしいと、兄のエアドバルトに申し込んだのが真相のようです。つまり、エドウィンのほうに気があったということですね。それは、要するに、どこかで彼女を見たことがあって、それで心を奪われてしまったということになるわけです。

だから、どう考えてもエドウィンはケントに行ったことがあるのだと、私は確信します。デイラからグウィネズ、マーシア、ケント、イーストアングリア……。つくづく、エドウィンはブリテン島中を逃げまわっていたのですね。いや、すごいことだと思います。

この婚姻にエゼルベルガは、キリスト教徒としての自分の信仰や儀式を妨げられないこと、またキリスト教の聖職者を自分の嫁入りに帯同させることを条件に示し、エドウィンがそれらを受け入れたことはすでに見ました。このとき、エドウィンはキリスト教徒ではありませんでした。それでも彼女の条件を全て呑んだのですから、よほど惚れていたのでしょう。やがてエゼルベルガたち花嫁一行は、教会人のパウリヌスを伴って、ノーサンブリアの都、ヨークへと輿《こし》入れしたのでした。

刺客エウメル

明けて六二六年の四月。一大事が起こります。エドウィンを狙って、ヨークに刺客《しかく》が来たのです。『教会史』も『年代記』もこの事件を興奮気味に報じています。男の名はエウメル。ウェセックスの王クウィケルムの命で送り込まれてきました。前年の、ノーサンブリア・ケント連合軍によるワイト島占領に対するウェセックス王国の報復です。

男はエドウィンを確実に殺そうと、毒を塗った短剣を上衣に隠し、ある有力者の使者を装って宮廷に入り王に謁見します。口上を述べながら、男は突然潜ませていた短剣を抜き、エドウィンに襲いかかります。が、寸前のところで男の動きに気づいた従士のライラが、男と王の間に横っ飛びで入り込み、体を楯にして王を守ります。しかし、すごい力で突き出された短剣はライラの体を突き抜け、先端がエドウィンの体を傷つけました。

この間は瞬間的な出来事で、刺客は瞬く間に王の従士たちに囲まれ剣で滅多切りにされてしまいます。けれども死に物狂いで抵抗したため、フォルトヘレというもう一人の従士が刺されます。二人の従士は毒が回って死んでしまいますが、幸いなことにエドウィンは苦しんだものの命に別状はありませんでした。

エドウィンの怒りが、燃えあがる紅蓮《ぐれん》の炎となったのはいうまでもありません。彼は至急全軍を整えると、ヨークからウェセックスまで一路南下します。大変な距離ですし、その間にはマーシア王国があります。ふつう、国というものは領土内に他国の軍隊を絶対に入れないものです。たとえ、ただ通過するだけでも、です。

徳川家康は自分が籠る浜松城の目の前を武田信玄の軍勢に通過され、我慢できず城から打って出ますが、待ち構えていた武田軍に三方ヶ原《みかたがはら》でこてんぱんにやられてしまいます。勝てそうもないことはわかっていても、目の前を敵軍に通られるのは、家康にとって沽券《こけん》に関わることだったのです。もののふとはこういう業《ごう》があります。

しかし、このときマーシアはノーサンブリア軍が領内を通過するのを黙認していました。つまりマーシアはノーサンブリアとある種の協力関係にあったか、あるいは完全に頭が上がらなかったか、そのいずれかが考えられます。後に、マーシアがエドウィンに戦いを挑んでくるようになることを考えると、両国が協力関係にあったとは考えにくく、この段階ではエドウィンに抵抗するほどの力がなかったため、彼の軍隊を忸怩《じくじ》たる思いで通したのだと考えたほうがいいようです。

このときマーシアはエドウィンを保護してくれたケアルル王はすでに亡く、ペンダが国王でした。ペンダはケアルルの息子ではなく、二人はライバル関係にあったようです。従ってケアルルが国王のとき、ペンダは冷遇されていました。ですから、ケアルルが娘を嫁がせてまで可愛がったエドウィンに、ペンダが好意を抱いていたとは思えません。やがて、奇しくも反エドウィンという共通項を持つペンダとグウィネズのカドワロンが組んで、エドウィンと戦うのですから、何やら人の世の因縁めいたものを感じないではいられません。

さて、マーシアを通って一気に南下してきたエドウィンは、ウェセックスに大鉄槌を下します。『年代記』には、エドウィン軍は五人の王を屠《ほふ》り、数え切れないほどの人を殺したと記されています。五人の王が誰をさすのかはわかりませんが、このときのエドウィンの攻撃で複数のウェセックスの王族が殺されたのは事実です。この結果、ウェセックス王国はしばらくの間勢いが衰え後退を余儀なくされます。

マーシアは支配下にあります。ウェセックスは叩きました。ケントは同盟国です。レドワルド亡きあとのイーストアングリアは大したことはありません。ブリテン島制覇へ向けて、エドウィンの動きは加速します。

五番目の覇王 エドウィン

彼はデイラの西隣に位置するブリトン人の王国エルメットを攻め、これをノーサンブリアに併合します。北ではスコット人を遠く撃退します。

そして、満を持して北西ウェールズに侵入し、カドワロンと激突します。カドワロンがエドウィンを憎んでいたように、エドウィンもカドワロンが嫌いでした。戦いは一方的にエドウィンの勝利に終わり、カドワロンはウェールズの奥地へと逃げました。勢いを駆ったノーサンブリア軍はウェールズ最北西部まで侵入し、アングルシ島まで攻め込んでいます。

さらにエドウィンは、ブリテン島とアイルランドの間のアイリッシュ海に浮かぶマン島まで遠征し、支配を広げました。一説には、エドウィンはアイルランド本島を攻略する意図があったといわれ、マン島はそのための橋頭堡《きょうとうほ》として確保したのだ、ともされているようです。いずれにしても、エドウィンは精力的な動きで、ブリテン島の広大な地域における支配権を確立しました。ハンバー川の北と南が、エドウィンという一人の王のもとに、初めて統合されたのです。それは、平和の実現でもありました。『教会史』は記しています。「一人の婦人が乳飲み子を連れて一方の海からもう一方の海まで、何の危害にも遭遇することなく歩み行くことができた」と。一方の海とは北海《ほっかい》であり、もう一方の海はアイリッシュ海です。

こんな偉大なことを成し遂げたエドウィンを、『教会史』と『年代記』はアングロサクソン王国の五番目の覇王《ブレトワルダ》に挙げたのでした。

もしも確かさを教えてくれるのなら……

エドウィンはキリスト教徒のエゼルベルガを妃としています。この妃との間には、彼女のキリストへの信仰や礼拝のための諸々の儀式を妨げないようにする約束があります。また、ヨークには妃の輿《こし》入れに、ケントから一緒についてきたパウリヌスもいます。

教会勢力のターゲット

要するにエドウィンは、キリスト教徒に囲まれて日々を送っています。エゼルベルガにとっては、夫もこの際、キリスト教徒になってくれればそれが一番いいわけですから、折りにつれ、いや結婚してからほぼ毎日、エドウィンにキリストの教えや功徳《くどく》を語って聞かせていたことでしょう。

そしてパウリヌスです。彼は、表向きはエゼルベルガの信仰を助けるために一緒についてきたということになっています。けれども、本当のところはエドウィンをキリスト教に改宗させるために来たのは明らかです。ノーサンブリアに行く直前に、彼はカンタベリー大司教ユストゥスからヨークの司教に叙任されました。これには、パウリヌスに教会人としての高い権威をつけて送り出した方が、エドウィンの改宗という任務を遂行しやすいとするカンタベリー側の判断もあったでしょう。

エゼルベルト王のときケントにやって来て、カンタベリーに本拠地を置いたキリスト教も、その基盤はまだまだ脆弱でした。お膝元のケントでさえエゼルベルト王が死んだ後、すぐ揺り返しが起きて後継者のエアドバルト王はキリスト教を破棄してしまいました。その後、エアドバルトはキリスト教に再び戻るものの、アングロサクソン王国で結局改宗したのはケントぐらいという状態で、イーストアングリアやマーシアといった強国は伝統的なアングロサクソンの神々を捨てようとはしません。

なかなか改宗が進まない中、カンタベリーの教会勢力としては、何としても第二のエゼルベルトのような強力なキリスト教の庇護者を見つけなければならないと、あせりは相当なものがあったことと考えます。そこに、ハンバー川の北の雄、ノーサンブリアの国王から、ケント王の妹で敬虔《けいけん》なキリスト教徒であるエゼルベルガに求婚があったのです。

これはカンタベリーにとって千載一遇《せんざいいちぐう》のチャンスでした。いまや日の出の勢いのエドウィンをキリスト教に引き込めば、ブリテン島のアングロサクソン人がなだれをうって改宗する大きなきっかけになると、カンタベリー側が計算したのは確実です。つまり、司教パウリヌスはその重要なミッションを担ってエドウィンの傍にいたということなのです。

エドウィン自身は、キリスト教に対して特に嫌いという風でもなければ、じゃあ結婚を機に入信しようか、ということでもありませんでした。パウリヌスは相当うるさかったことと想像されますが、エドウィンはこれまで信じてきた自分たちの神々を捨ててまで、信徒になろうというほど価値がある宗教なのかどうか、懐疑的だったようです。キリスト教に理解はあるが、改宗する決定的な理由がない、ということだったのでしょう。

改宗へ揺れる心

こんなエドウィンの態度が変わり始めたのは、あの刺客の事件からでした。刺客に襲われた日の晩、王妃エゼルベルガは女の児を産みました。誕生した王女の名はエアンフレドといいます。パウリヌスは王妃が苦しまなくて王女を生んだのは、主イエス・キリストのおかげだと勝手なことをいいますが、エドウィンは昼間刺客に襲われたことで頭がいっぱいでした。そこでパウリヌスに、もしキリストがウェセックスとの報復戦で勝利をもたらしてくれるのなら、自分はキリスト教に仕えようと願をかけました。その約束の証《あかし》として、生まれたばかりのエアンフレドをキリストに捧げると約束したのです。

これは、エドウィンとしてはキリスト教への大きな譲歩だったと思います。それだけ、刺客を送ってきたウェセックスに対して怒り心頭で、勝つためならこの際何でもしてやるといった心境だったのでしょう。こうして、王女はパウリヌスに洗礼され、キリスト教徒となりました。妃に加え、娘もこれでキリスト教徒になったのです。

さて、ウェセックスとの戦いに大勝利し、ノーサンブリアに凱旋してきたエドウィンは、前より一層キリスト教に対して寛容な心を持つようになりました。が、キリスト教徒になろうとは、やはりしませんでした。ただ、キリスト教に対して懐疑的だった従来の姿勢は、もうありませんでした。おそらく、このころから自分は改宗すべきかどうかで揺れはじめたのでしょう。一人の人間として、また王として、キリスト教に改宗する確固たる理由を探していたようにも思われます。

こんな頃、教皇ボニファティウスからキリスト教への改宗を促す手紙がエドウィンに届きます。これはカンタベリー大司教やパウリヌスなどのブリテン島の教会勢力が教皇に頼んだことでもあるでしょう。何といっても教皇からの手紙ですから、影響力は小さくなかったことと思います。が、これでもエドウィンを動かすには決定力を欠いていました。

推測ですが、たぶんエドウィンは、教皇がいままで信じてきた神々を捨てよと、激しい口調で書いてきたところが気に入らなかったのではないか、と私は思っています。教皇は、エドウィンたちアングロサクソン人が信じている神々を悪魔と呼び、それらの教えは偽善であって、悪魔たちの像は徹底的に破壊しつくされなければならないと、いかにも非妥協の一神教であるキリスト教の最高指導者らしいことを書いています。

こういう昔からの自分たちの文化に対する激しい弾劾《だんがい》は、王国内の全ての者を導いていかなければならないアングロサクソン人の首長であり王であるエドウィンにとっては、いたたまれない部分があったでしょう。ですから、教皇の手紙は逆効果ではないにせよ、エドウィンを改宗へと動かす力としては、あまり効果的ではなかったのでしょう。

ところで『教会史』は、エドウィンを改宗へと動かす大きなきっかけの一つとして、彼がイーストアングリアの宮殿の庭で悲嘆にくれていたとき現われた神の化身である人物を再び登場させています。エドウィンがパウリヌスたちの働きかけにもかかわらず、なかなか動き出さないので、ある日、王宮にその人物が現われました。そして、その人は「私は、言ったとおりあなたを敵の手から救い、王位につかせた。だから、あなたは約束したように信仰を受け入れなさい」と言って消えたということです。

もちろん、このエピソードは、エドウィンの改宗を神の導きであると強調するベーダのあからさまなフィクションですから、エドウィンの改宗のきっかけになどなりようがありません。ただ、彼が改宗へ至る道筋を、このような芝居がかった要素をちりばめながら描かずにはいられなかったほど、エドウィンは教会勢力にとって魅力的かつ大物だったということは、痛いほどよくわかります。

広間を飛び抜ける雀

キリスト教に改宗すべきかどうかでエドウィンが迷っていた決定的な問題は、みんなはキリスト教をどう考えているのか、ということでした。このことは、一族の長であり、王であるエドウィンにとって一番大切なことでした。

アングロサクソンの戦士集団を率いる首長は、全力で配下の戦士たちを庇護します。そして戦士たちは命をかけて、首長のために戦います。アングロサクソン社会は、王と臣下の強い結びつきを基盤としていました。エドウィンはこの伝統的な絆の中に、改宗問題の解決を求めたのです。そして、みんなが賛成するなら、王国を挙げてキリスト教徒になろうではないか、という腹を固めていたのでした。

ある日、彼は家臣たちを王宮に招集します。そして、キリスト教について、皆に忌憚《きたん》のない意見を求めます。彼らはおおむね、キリスト教への改宗に賛成でしたが、中でもひとりの老いた側近の話は決定的となりました。この老臣は人の世を「広間を飛び抜ける雀」に譬え、次のように語り出しました。

――広間の炉には絶えることなく薪がくべられ、中は暖かく人々が楽しそうに寛《くつろ》いでいる。外は真冬の嵐が荒れ狂っていて、冷たい雪交じりの雨が降りしきっている。その広間の一方の扉から雀が飛び込んできて、ほんの少しの間この暖かい広間を飛び、反対側のもう一方の扉から再び厳しい嵐の中へ出て行ってしまった。外から広間に入ってきたときも、再び広間から出て行ったときも、雀には何一つ次に待っている運命がわからない。暖かく、心地よいときはほんの一瞬。この世は何一つ確かなことはない。我々はいままでずっと自分たちのやり方でやってきた。しかし、我々は結局、雀なのだ。もし、キリスト教なるものが、我々に「確かさ」を教えてくれるのなら、信じてみる価値はある――

この王の老臣の語りは『教会史』にあり、これはそれを要約したものです。『教会史』

には、予言とか奇跡とかいった挿話がたくさんあって、続けて読んでいると食傷気味になってきたりするものですが、しかし私はこの、語りの部分は大好きなのです。

そう、アングロサクソン人はずっと、つらかったのだな、と思います。戦士社会と特徴づけられる彼らの社会は、リアリズムが支配する世の中でもありました。強い者がいる反面、弱いものは徹底的に弱く、幸せな者の対極には寂しすぎるほど寂しい者がいました。彼ら、つらい境遇にいる者を引き上げてくれる光明は何もなく、あるのはただ嘆きと悲しみでした。古英語で書かれたアングロサクソン時代の詩に、「妻の嘆き」（The Wife's Lament）と「ワンダラー」（The Wanderer＝彷徨《さまよ》い人）という作品があります。前者は、夫や一族から隔離され、夫を思い一人嘆く妻の悲しみを、後者は敵に捕らえられた戦士が自分のかつての暮らしや殺された愛しい首長を思い出して苦しみの中生きるという、全く救いようのない状況を描いています。

これらの詩を見る限り、アングロサクソン人の社会は、弱いもの、敗れた者にとっては、とても厳しい世界だったのだなあ、と思ってしまいます。いや、たとえ勇者であっても、「ワンダラー」のようにその強い立場は決して永遠に保障されたものではなく、一瞬先は何もわからない不確かさに内心怯えていたのでしょう。

従ってこういう中で生きるのは、アングロサクソン人にとっては苦しく、悲しいことでもあったのかもしれません。だから、せめて魂だけは救われたい、このつらい世を生き抜ける確かな心の支えが欲しいといった願いは、彼らの中にかなり蓄積していたのではないでしょうか。王の老臣が、「もし、キリスト教なるものが、我々に確かさを教えてくれるのなら、信じてみる価値はある」と言ったのは、ですから、とてもよくわかるような気がします。

かくして、エドウィンの心は決まりました。ノーサンブリア王国は、国王を筆頭に家臣みんなが一体となってキリスト教に改宗することになったのです。

六二七年四月十二日。ヨークの使徒ペテロ教会で、エドウィンはパウリヌスの手によって洗礼を受け、ここに正式なキリスト教徒になりました。そして、これ以降、アングロサクソン人のキリスト教への改宗は加速していくことになるのです。

ノーサンブリア王国の春秋

偉大なる覇王エドウィンのもたらした平和は、しかし長くは続きませんでした。エドウィンに大敗し、ウェールズ奥地にしばらく潜んでいたグウィネズの王カドワロンは、復讐をバネに力を回復しつつありました。

エドウィン討たれる

――何とかしてエドウィンをやっつけたいものだ。しかし、ノーサンブリアは強いから単独で当たっては、この前の二の舞になってしまう。そうだ、確かエドウィンを憎んでいるやつがもう一人いたな。マーシアのペンダだ。あいつは俺の大嫌いなサイソンだが、今は俺と利害が一致している。あいつは自分の領内をエドウィンに自由に動き回られて悔《くや》しい思いをしている。ペンダと組んで戦えば何とかなるかもしれない――

ペンダがこの話に二つ返事で乗ってきたのはいうまでもありません。かくして、ブリトン人とアングロサクソン人という仇敵《きゅうてき》同士の同盟が、対エドウィンという一点で、できあがりました。

カドワロンとペンダのウェールズ・アングロサクソン連合軍はノーサンブリアを目指し、進軍を始めます。もちろん、エドウィンも彼らの動きを察知して、ノーサンブリア軍を率いて急ぎ出陣します。エドウィンがマーシアのケアルル王の娘クウェンベルガとの間にもうけた二人の王子オスフリッドとエアドフリッドも、父についてこの戦いに臨みます。

ときに六三三年十月十二日。両軍はハットフィールド・チェイスで激突しました。現在のサウス・ヨークシャーにある町ドンカスターの近郊ではないかといわれています。この場所だとすると、ノーサンブリアの南境界付近での戦いだったことになり、連合軍が侵入しノーサンブリア軍が受けたという形です。

そのことを示すように、連合軍には勢いがありました。戦いは一方的で、ノーサンブリア軍は大敗します。そして、ついにエドウィンはここで討たれてしまうのです。四十八年の生涯でした。王子の一人で武勇の誉れも高かったオスフリッドも戦死します。もう一人の王子エアドフリッドはペンダ軍の捕虜になります。しかし、かつてのライバルだったケアルル王の娘が生んだこの王子に対する哀れみを、ペンダは持ちませんでした。エアドフリッドも間もなく殺されてしまいます。

ノーサンブリア王国を束ねていたエドウィンがいなくなりました。求心力がなくなってしまった王国は、再びデイラとバーニシアの二つに分裂してしまいます。加えて両王国はいったんグイネズに引き揚げたカドワロンに再び急襲され、蹂躙《じゅうりん》と略奪の限りを尽されます。

このとき、彗星《すいせい》のように現われたのがオスワルドでした。彼はあのエゼルフリッドの次男で、これまでいた亡命先のスコット人のダルリアド王国から小部隊を率いて南下し、ハドリアヌスの長城近くのデニセスブルナでカドワロン軍を捕捉、不意を突いて襲い、これを撃破します。現在のノーサンバーランド州ヘクサム近郊での戦いだったといわれています。カドワロンは潰走《かいそう》しますが、結局捕まり殺されます。

カドワロンの死によって、ノーサンブリアの当面の敵はいなくなりました。オスワルドはエゼルフリッドの息子でしたからバーニシアの正当な王位継承者です。また、母のアクハはエドウィンの妹で、従ってエドウィンは伯父になりますから、デイラ王族の血も濃く継承しています。バーニシアとデイラを代表する者としての資質に関しても問題はありません。かくしてオスワルドは分裂していたノーサンブリアを再統一し、王となりました。

六番目の覇王オスワルド

『教会史』や『年代記』は、オスワルドをエドウィンに次いで第六の覇王に数えています。でも私は、これはちょっとおかしいかな、という気がするのです。覇王というからには、強力な支配をあちこちに及ぼしていなければなりません。五代目のエドウィンはその点、申し分ありませんでしたし、四代目のイーストアングリアのレドワルドも迫力がありました。三代目のケントのエゼルベルトは、何といってもカリスマ性に満ちていました。

しかし、なぜオスワルドなのでしょう。彼の遠征といえば、ノーサンブリアを再統一した直後に北にちょっと軍を進めたぐらいのもので、ブリテン島を北に南に西に遠征したエドウィンと比べればスケールが小さいのは明らかです。

なぜ彼が？　『年代記』は『教会史』のはるか後に編纂され、八人挙げている覇王の記述のうち七番目までは『教会史』のものをそのまま継承しています。ですから、『教会史』がオスワルドを第六番目の覇王とする理由を探ればいいわけです。

結論をいいますと、これは、『教会史』の著者ベーダの、ひいきの引き倒し以外には考えられません。ベーダはオスワルドがたまらなく好きでした。それは、オスワルドが初めからキリスト教徒として、ノーサンブリアの表舞台に出てきているからです。彼は亡命先のダルリアド王国で、すでにキリスト教に改宗していました。そして、エドウィンのときに始まったノーサンブリアのキリスト教化は、オスワルドのときに一気に広がったのです。ノーサンブリア人であり、修道士だったベーダにとっては、キリスト教の庇護者そのもののようなオスワルドは、エドウィンよりはるかに偉大だったのです。ベーダが『教会史』でオスワルドを六番目の覇王にし、この王を巡る多くの奇跡にまつわる逸話に記述を割いているのは、彼への敬愛の表れという以外にはないように思えます。

そのオスワルドの統治も長くは続きませんでした。六四一年、ノーサンブリアのもう一方の敵、マーシアのペンダとマサーフェルスに戦い、討たれてしまうのです。今日のウェールズとの境近くの町、オスウェストリー近郊だったとされています。三十八歳でした。ベーダが生まれるほんの三十年ほど前のことです。『教会史』にベーダのオスワルドへの思いが、いっぱいつまっているのは当然なのかもしれません。

前にもいいましたが、『教会史』は予言や奇跡の山ですから、読む方も適度な距離を置いておかないと身が持ちません。ただ、ベーダのオスワルド王への気持ちを踏まえながら、王が殺された後に起こった奇跡の数々を記した部分を読むとき、私のような者でも何がしかの「神聖さ」を感じてしまう瞬間はあるものです。そうした奇跡にまつわるエピソードを一つ紹介しておきましょう。

――オスワルドが死んで間もない頃、ある者が馬に乗ってオスワルドが戦死した場所の近くまで来た。そのとき、馬がにわかに苦しみだした。口からは泡を出し、地面をのたうち回りながら、王が死んだまさにその場所まで達したとき、急に馬は何事もなかったかのように元気になって立ち上がり、草を静かにはみ始めた。それを不思議に思った男は、馬が治癒したその場所には何か特別な力があるに違いないと感じながら、その日の宿に着いた。その宿の主人の娘はひどい病で長年伏せっていた。そこで、男が宿の主人にその不思議な場所のことを話すと、それでは、ということになり、みなで娘をその場所に抱えて連れて行き、そこに下ろした。とたんに娘は眠りに陥った。そして目覚めたとき、娘は自分の体が軽くなっているのを感じ、水を求め、髪を洗い、頭髪を整えた。そして、しっかりとした足取りで、みなともと来た道を歩いて戻っていった――。

ペンダの最期

さて、オスワルドがペンダに殺された後、ノーサンブリアはまたまた分裂します。バーニシアではオスワルドの弟のオスウィが王になり、デイラはややゴタゴタがあった後、オスワルドの子のエゼルワルドが王になりました。でも、彼はバーニシア直系の王族ですから、デイラの王になるのは妙な話です。

実は、エゼルワルドは意外とデイラの人々に人望がありました。たぶん、これは父オスワルドがノーサンブリアの王だったときに、エゼルワルドは副王としてデイラを治めており、そのときの人々の覚えがよかったからでしょう。それに彼にもデイラの血は四分の一ですが流れていました。オスワルドの母がエドウィンの妹のアクハだったからです。

そして、このエゼルワルド、叔父であるオスウィとうまくいかず、何とマーシアのペンダと組んでオスウィに挑んできたのです。ペンダにしてみれば、敵方の一方が一緒にオスウィをやっつけたいといってきたのです。チャンスです。うまくいけばノーサンブリアを乗っ取ることができます。ペンダは、いまや属国同然のイーストアングリアのエゼルヘレ王も巻き込み、さらにはグウィネズのかつての盟友カドワロンの息子カドワラダ王とも組みます。ここにデイラのエゼルワルド、マーシアのペンダ、イーストアングリアのエゼルヘレ、グウィネズのカドワラダという大連合軍が成立し、オスウィに向かってきたのでした。

当然、こんな大軍とまともにぶつかるのは愚の骨頂です。オスウィは北に逃げ時機を見ます。こういう大連合軍は往々にして乱れが出るものだからです。案の定、ペンダとエゼルヘレの間がしっくりいっていません。それはそうでしょう。ペンダはシグベルト、エグリック、そしてアンナといった三人ものイーストアングリアの王をこれまでに殺しているのです。うまくいくほうが不思議です。

さらには、叔父オスウィを嫌ってペンダと組んだ当のエゼルワルドも、存外ふらふらしているようです。自分が中心だったつもりが、すっかり連合軍のイニシアチブをペンダに奪われ、そんな中で「祖国」の連中を相手に戦うことに一抹の罪悪感があるのかもしれません。どうやらオスウィには突破口が見えてきました。

六五五年。兵力を蓄えたオスウィが北から反転してきました。世にいうウィンウェド川の戦いが始まります。現在でいうとウエスト・ヨークシャー地方の都市リーズ近郊とされています。この戦いの前夜、グウィネズのカドワラダが軍を引き揚げて帰ってしまいます。ペンダと馬が合わなかったのです。連合軍の一角が大きく崩れました。翌日戦闘が始まるとすぐ、今度はエゼルワルドが自軍を戦場から撤退させ、安全なところで傍観を決め込みます。

つまり、オスウィの相手は、いまやペンダとイーストアングリアのエゼルヘレだけになりました。この二人は反目していますから、両軍の間に連携は全くありません。連合軍といってもいまや形だけで、戦意は最低です。エゼルヘレの一隊はオスウィ軍に包囲され全滅、エゼルヘレも戦死します。そして、ペンダ軍も潰走を始めます。戦場では斬り殺される者、川でおぼれる者が続出し、ついにペンダも逃げる途中でつかまりました。

ここに、六三三年にノーサンブリアのエドウィンを殺し、六四〇年にイーストアングリアのシグベルトとエグリックを殺し、六四一年にノーサンブリアのオスワルドを殺し、六五四年にイーストアングリアのアンナを殺したペンダは、とうとう命運も尽きて首を落とされてしまうのでした。ペンダが殺したこれらの王たちは全員がキリスト教徒でした。従って彼はベーダに「異教王」と軽蔑的に書き残されています。ベーダはペンダが大嫌いでしたから、『教会史』はほとんどペンダの業績とマーシアの歴史を抹殺しています。

七番目の覇王オスウィ

それにしても連合軍は当初、オスウィ軍の三十倍の兵力を擁していたとされています。その後離脱があったとはいえ、戦闘が始まったときに双方にはまだ相当な兵量差があったことは確かで、従って寡兵で戦ったオスウィは見事な指揮官だったといえるでしょう。

一方、土壇場で兵を引き、洞《ほら》ヶ《が》峠《とうげ》を決め込んだエゼルワルドはどうなったのでしょう。彼としてはそうすることで叔父オスウィに恭順の意を示したのでしょうが、これ以降消息は全くありません。殺されないまでも追放されたのは確実でしょう。

こうして、オスウィはノーサンブリアを三たび統一し、王となりました。彼は『教会史』や『年代記』によって七番目の覇王に数えられています。しかし、私としては、確かにウィンウェド川の大勝利はあるものの、オスウィを覇王とするには役不足かなという気がどうしてもします。オスワルドのときと同じように。ま、私が文句をつけても仕方がありませんが。

その後のノーサンブリア王国の話をざっと要約しましょう。オスウィ王は六七〇年に死にます。その次はエグフリッド王、そしてアルドフリッド王と続いていき、ノーサンブリアは七世紀の終わりから八世紀前半にかけて全盛期を迎えます。また、ノーサンブリアはブリテン島の南と北の文化が交錯する地理的特性から、俗に「ノーサンブリア・ルネッサンス」と呼ばれる輝かしい文芸復興の時代を出現させます。

しかし、八世紀後半以降は、再び台頭してきたマーシアの支配下に入り、国力は衰えていきます。そして八六五年、デーン人の「大異教徒軍団」の襲来により、事実上王国としての歴史を閉じたのでした。

マーシア王国

Mercia

辺境の王国マーシア

悪く書かれた王国

アングロサクソンの諸王国のうちで、マーシアほど不当に評価されている王国もありません。たびたび触れてきましたが、『教会史』や『年代記』は、一人の覇王もマーシアから選出していません。けれども、私が見る限りマーシアからは覇王といえるスケールを持った王が、少なくとも二人出ています。ペンダとオッファです。

ペンダは、キリスト教徒のオスワルド王やイーストアングリアの国王たちを殺したことで、ノーサンブリア人のベーダにひどく憎まれ、『教会史』から悪逆非道の王のごとき扱いを受けています。従って覇王になど推されようがありません。

一方、オッファ（在位七五七—七九六）は、アングロサクソン時代の中期の王であり、彼の時代にはベーダはすでに故人でした。ですから『教会史』では悪く書きようがありません。代わりにオッファは『年代記』を編纂したウェッセクス王国の印象が悪いのです。ウェセックスはオッファ王のとき散々に侵略を受けましたから、『年代記』は彼を覇王に推挙するようなことは間違ってもしません。

こうした『教会史』や『年代記』のマーシア王国に対する「悪意」が、その後のマーシアの印象を形成していった事実は否めません。アングロサクソン王国の中でキリスト教への改宗が一番遅かったことや、また地理的にも他の王国と比べて内陸部にあり、洗練された文化の伝播にどうしても遅れをとらざるを得なかったことなど、さまざまな要素がアングロサクソン王国の一番の「野蛮国」としてのイメージを定着させてしまったようです。

しかし、マーシアはいったん改宗してからは敬虔なキリスト教国王が出てきますし、彼らの中には王位を退いてローマに旅し、一巡礼者としてその地の土になった者もいます。また、王国分立のこの時代、初めて統一国家概念を持って、あのフランク王国のシャルルマーニュと堂々と渡り合った輝かしい歴史の一ページを創ったのもマーシアです。

加えてアングロサクソン時代の後半からはブリテン島に頻繁に来襲してくるデーン人と

間断のない戦いを続け、やがて矢尽き刀折れて、闘いの継続をウェセックスにゆだね王国の役目を終えるところは、よく頑張ったと讃えてあげてもいいくらいです。

マーシアは現在のイングランド中央部、ミッドランドと呼ばれている地域に形成された王国です。北にはノーサンブリア、東にはイーストアングリア、南にはウェセックスやサセックス、そして西側はブリトン人の王国があるウェールズと境界を接していました。つまり、後にイングランドと呼ばれる、アングロサクソン人の王国が位置するブリテン島で一番広大な地域の中の、最奥部といった場所にありました。マーシア人をさすMerciansという古英語から来ているこの言葉自体、「辺境の人々」という意味です。この王国は首都をタムワースに置きました。今日、バーミンガムの北東二十三キロほどに位置する、スタッフォードシャー州の人口七万五千人ほどの町です。

マーシア王国は、遅くとも六世紀初頭には成立していただろうとされています。伝説によれば、大陸ユトランドのアングル族の王イチェルが、一族を率いて海を渡りこの地に王国を創ったのが始まりといわれています。イチェルは、マーシア王国の歴史の中でほぼ実在したであろうとされているクレオダ王の曾祖父であり、エオメル王の子と伝えられています。

クレオダ王は五九三年に死に、子のピッバ（在位五九三—六〇六）が後を継ぎますが、彼ら二人の業績についてはほとんど記録がありません。このピッバの息子がペンダになるわけです。もっとも王位はピッバからペンダへ直接継承されたのではなく、その間にケアルルが王位につきます。ケアルルはエドウィンに自分の娘クウェンベルガを嫁がせた王です。けれども、その素性はよくわかっていません。一説にはケアルルは、ピッバの一族の者だったともされています。

典型的な戦士王ペンダ

さて、そのペンダです。マーシアは、ベーダが「異教の王」と呼んで忌み嫌ったこの人物が王になったとき、王国として最初の興隆期を迎えます。ペンダはあちこちに頻繁に戦いを仕掛け、たくさんの他の王国の王を殺しました。もう一度、どれだけ殺したか、年代順に見てみましょう。

・六三三年　ハットフィールド・チェイスの戦いでペンダ、カドワロン連合軍、ノーサンブリア軍を破り、エドウィンを殺す。
・六四〇年　イーストアングリアに侵攻し、シグベルト王とエグリック王を殺す。
・六四一年　マサーフェルスの戦いでノーサンブリア王オスワルドを殺す。
・六五四年　イーストアングリアに侵攻し、アンナ王を殺す。

実に五人もの王をペンダは殺しています。つまり、これら殺された王様のいたノーサンブリア、イーストアングリアは、ペンダがいた時代、その支配を受けていたということになります。これら二王国だけではありません。ペンダは、六四五年にウェセックス王ケンワルフを追放しました。ペンダは自分の妹をケンワルフのもとに嫁がせていました。しかし、ケンワルフはこれを離縁して別の妃を娶《めと》ったため、怒ったペンダがウェセックス王国から彼を追い出してしまったのです。

要するに、そんなことができるくらい、ペンダはウェセックスにも強い影響力を持っていたということです。なお、ケンワルフはイーストアングリアのアンナ王のもとに逃れ、そこでしばらく過ごすことになるのですが、これが後にペンダがアンナを攻めて殺す原因にもなりました。ですから、ペンダは六五五年のウィンウェド川の戦いでノーサンブリアのオスィに殺されるまで、ハンバー川の北と南に大きな影響力を保持していたのは明らかで、覇王と呼ばれても不思議はありません。

私は、ペンダは典型的なアングロサクソンの戦士であり、王だったのだと思います。戦い続けることで、自分への求心力を強め、さらに戦い続けることで富と王国を拡大する。男性的であり、武勇の象徴のような王でした。戦いで敵国の王の首を取り、その最期も戦いの場で首を取られるという典型的な戦士の生き様でした。

しかし、こういうアングロサクソン的な猛々しさに、当のアングロサクソン人がそろそろついていくことができなくなる時代が来ていました。厳しく、つらいこの世を生き抜くために、せめて確かな心の支えがほしいという人々の思いは、だんだんと高まってきていました。その結果、マーシアの周りのアングロサクソンの王国は、次々にキリスト教を受け入れていきます。気がつけば、マーシアだけがキリスト教の外にありました。そして、ペンダの死とともに、そんなマーシアの孤立した時代も終わりに近づいていきます。

一番遅く改宗した王国

マーシアが国を挙げてキリスト教に改宗するのは、ウルフヘレ王のときで、六五八年のことでした。ウルフヘレはペンダの息子です。振り返れば、五九七年頃にケントが、六二七年にノーサンブリアが、六三〇年にイーストアングリアが、そして次章で述べるウェセックスが六三五年にキリスト教に改宗していました。そんな中、アングロサクソン王国の中で最後まで自分たちの神々を守っていたマーシアが、ここについにキリスト教王国となったのです。このマーシア王国の改宗により、ブリテン島はようやく全域でキリスト教化されたとみなすことができるでしょう。

でも、それは、ブリテン島にキリスト教的な倫理が人々の日常生活の隅々まで影響を及ぼす社会を一気にもたらしたということでは、もちろんなかったのです。これから、百年、二百年、三百年と時間をかけて、人々がキリスト教の理念をじっくり咀嚼《そしゃく》して、教会を中心とした西欧中世キリスト教社会を創っていく道が、やっと始まったということなのです。そこへの第一歩を、ブリテン島の民がやっとここに揃って踏み出すことができた、ということです。従って、人々はまだまだ十二分にアングロサクソンの猛々しさを持っていました。

ウルフヘレの頃は、マーシアの下降期でした。彼はノーサンブリアと戦いますが敗れ、六七五年に世を去ります。次に王になったのは、ウルフヘレの弟でペンダの三男であるエゼルレッドです。この王も兄と同じく敬虔なキリスト教徒でした。一つ違っていたのは、兄より戦いに強かったことです。六七九年、エゼルレッドはノーサンブリアのエグフリッドをトレント川の戦いで打ち破りました。この勝利により、マーシアは北からの脅威を取り払うことに成功しました。それに、これまでノーサンブリアが支配していたマーシアの東側にある小王国リンジイへの影響力をいままで以上に強くすることができました。これらの地域は後日オッファが国王になったとき、完全にマーシア領に併合されます。

こうして、エゼルレッドはマーシアの国力充実にいそしみます。そして、王様になってそろそろ三十年にもなろうかという頃、彼は王位を甥のケンレッドに譲り、キリストに仕えようと決心します。たぶんそれは、エゼルレッドがやがてはそうしようと長年抱いていた思いだったのでしょう。一人の修道僧として、彼はタムワースの王宮を去ってバードニィの修道院に入り、そこで生涯を終えたということです。リンカン州の州都リンカンから東へ十五キロほどの場所に、現在もその修道院はあります。

ローマの土になった二人の王

この頃から、マーシアの西の境ではウェールズ人の侵入が激しくなりつつありました。隠棲したエゼルレッドの後を継いで王となったケンレッドは、もっぱらウェールズ人との戦いに六年の在位期間のほとんどをついやすことになります。そして、このケンレッドも、七〇九年に王位を従兄弟でエゼルレッドの息子であるケオルレッドに譲ると、一介のキリスト教徒としてローマへ巡礼の旅に出ます。

このとき、彼に同行したのがエセックス王を引退したオッファでした。これから登場してくるこのマーシアのオッファとは別人です。エセックスは早くからキリスト教に改宗した王国でした。国としては、極めて弱小でいつもどこかの国の支配を受けていましたから、このときもおそらくマーシアの影響下にあったものと思われます。

この二人がどのような脈絡で一緒になり、ローマに行ったかはわかりません。しかし、二人が敬虔なキリスト教徒であったことは確かです。ローマに連れ立って行き、その地に入ったケンレッドとオッファは、やがてそこで亡くなったということです。

この当時、ブリテン島からローマへ行くのはほんとうに大変だったことでしょう。船で大陸フランクに渡り、そこから陸路ローマを目指すのです。アルプス越えもあります。王だからと、専用チャーター機で飛んで行ける時代ではありません。おそらく死を覚悟して行くのでしょう。

——ローマで死ねるのなら本懐だ。たとえ途中で死んでも、もともと巡礼の旅。魂は確実に神の御許《みもと》に行くことができる——

こう思いながら、とうに盛りの過ぎた体をだましだまし、時には奮い立たせ、お互い励ましあい、馬に揺られ、あるいは歩きながら、二人の元国王はローマにたどり着いたのでしょう。だんだん時代が変わりつつありました。アングロサクソン人たちの暮らしの真ん中に、いつしかキリストが存在するようになっていたのです。

覇王になれなかったオッファ

ロンドンを獲る

マーシアを最大の興隆に導いたのは、何と言ってもオッファです。オッファは、アングロサクソン時代中期の偉大な王として、七五七年に王位につきました。しかし、私、何度も繰り返しますが、オッファを偉大な王などという陳腐な表現ではなく、ほんとうは覇王と言いたいのです。

でもウェセックスの視点で書かれた『年代記』は、オッファを覇王にしていません。そのところが、どうしても割り切れないですね。絶え間ない領土拡張の戦いでマーシアを大きく広げていった彼の業績、いや偉業といってもいいでしょう、それを見ていく限り、覇王以外に彼につける称号が見あたりません。実際、オッファが王になってから、マーシアの領土は一気に膨らみます。

まず、オッファは王に就くとすぐに、マーシアの周辺にあったリンジイ、フウィッケといった小さなアングロサクソンの王国を完全に吸収合併します。ここに、これまで何とか生き残っていた両王国の王統は完全に消滅します。この二つを併合した時点で、マーシアの領土の大きさはすでにアングロサクソン王国中で最大になっていました。

また、ケントやイーストアングリア、ノーサンブリアといった時々の強国の間にあって、圧迫や支配を受けながらどうにか王国としての面目を保っていたエセックスも、オッファの前に屈し、ついにマーシア領に吸収されます。エセックスは、ローマが支配していた時代以来のロンドンというブリテン島における最有力都市をもっていました。

このロンドンを自分のものにすることは、アングロサクソンの全ての有力王国にとっては一つの悲願でもありました。戦国大名が京都を取ることを目指したようなものです。振り返れば、ケントもイーストアングリアもノーサンブリアも、一度はこのロンドンをわがものにした全盛期がありました。そのロンドンが、いまやエセックスという王国もろともマーシアのものとなったのです。マーシアの興隆を否《いや》が応《おう》でもブリテン島中に知らしめる一つの象徴的な出来事でもありました。

マーシアの勢いは、さらに留まるところを知りません。七六四年、オッファはケントに侵攻し、支配権を打ちたてます。しかし、さすがは名門ケント王国、オッファへの反抗は強力で、時のケント国王エグバート二世の指揮のもと、マーシアの勢力は一時期、ケントから駆逐されます。しかしオッファは再び勢いを盛り返し、七八五年以降、結局ケントはマーシアの宗主権下に組み込まれてしまうのでした。オッファはサセックスも攻略します。七七〇年と七七一年の二度にわたる侵入で、サセックスは完全にマーシアの支配下に入ります。そして、これ以降サセックスの記録は途絶え、王国としての歴史を終えたのでした。

オッファはイーストアングリア王の首さえ取っています。遅くとも七九〇年頃までには、イーストアングリアはマーシアの支配下に組み入れられていたようですが、時のエゼルベルト王はオッファに反旗を翻しました。それがために七九四年に斬首されてしまいます（アルフレッド大王の二番目の兄で王となった人物の名前もエゼルベルトです。つまり本書ではケント王のエゼルベルトを含めて、三人のエゼルベルト王が出ていることになります）。

毒婦エアドブルフ

さて、こんなマーシアの最大のライバルは何といってもウェセックス王国でした。ペンダ王の頃、マーシアはウェセックスに対して優位な状態にありました。しかしペンダ以降は、ウェセックスが持ち直し、両国の力関係は拮抗します。そして、オッファ王の治世になると、マーシアは再びウェセックスを圧迫します。が、オッファが死に、ウェセックス王にエグバートがつくと、今度はマーシアがどんどん押されていくという展開になります。

アングロサクソン時代の中期以降は、この両王国の盛衰を中心軸に、デーン人という新要素も加わってブリテン島の歴史が動いていくというのがおおまかな構図です。マーシアにとって、押しつ押されつの競い合いをずっとしてきた近接のライバル、ウェセックスとの抗争は、他のアングロサクソン王国との戦いとは違って特別の意味がありました。

その、ウェセックスを再び押すことになるオッファですが、七七九年、彼はベンシングトンの戦いでウェセックス王のキネウルフを破ります。ベンシングトンは現在のオックスフォード州ベンソン付近とされていますが、この戦いは双方が全軍を揃えて相対した久しぶりの大会戦でした。ここで手痛い敗北をこうむったウェセックスは、これ以降オッファの宗主権を認めざるを得なくなります。

敗れたキネウルフは王族の一人に暗殺されてしまいます。その後ベオルフトリックがウェセックスの王位を継ぐと、オッファは自分の娘エアドブルフをベオルフトリックに嫁がせ、ウェセックス王の義父となって支配を強化します。

この、オッファの娘のエアドブルフは、ウェセックス側ではひどい悪女ということになっています。後のウェセックスのアルフレッド大王に仕え、『アルフレッド大王伝』を著したウェールズ人聖職者のアッサーは、この女の悪行について、次のように記しています。

彼女（エアドブルフのこと—著者註）は国王（ベオルフトリックのこと—著者註）の寵愛を得て王国のほぼ全権を掌握するや、たちまち父親（オッファのこと—著者註）の流儀にならって暴君の道を歩み始めた。告発できる人物はことごとく国王の面前で告発した。かくして狡猾にも彼らの生命も権力も奪い去ったのである。そして、国王から同意が得られないときは、毒を盛って彼らを殺害した。例えば、確かに、この事実は国王が寵愛したある若者についても言える。つまり、彼を国王に告発できないと知るや、彼女は毒を盛って彼を亡き者にしたのである。さらに、その毒を、まさにベオルフトリック王自身が知らず知らず相伴《しょうばん》にあずかった、と言われている。確かに、彼女は王に毒を盛ろうとしたのではなく、若者の方にではあったが、しかし、王が先にそれを飲んでしまい、かくして二人とも命を落としてしまったのである。

（アッサー『アルフレッド大王伝』第十四節　小田卓爾訳）

つまり、権力をほしいままに、悪女振りを大いに発揮してきたエアドブルフは自分の夫であるウェセックス国王をすら、間違いではあったにせよ結果的には殺してしまったということです。ウェセックスはオッファによって屈辱の時代を強いられ、とりわけこのオッファの娘の評判は最悪でしたから、アルフレッド大王の時代になって、こんな具合に書かれて仕返しされているのでしょう。

シャルルマーニュと互角に

ともあれ、いまやライバルのウェセックスをも押さえ込んだオッファは、こうして全アングロサクソン王国中に覇を唱えたのでした。そのオッファが、外交で対等に渡り合おうとしたのが、シャルルマーニュでした。

シャルルマーニュ（Charlemagne）。フランス語でこう呼ばれたこの人物は、ドイツ語ではカール大帝（Karl der Große）、英語ではチャールズ大帝（Charles the Great）とも呼ばれ、フランク王国に最盛期をもたらした偉大な国王でした。北は異教徒のザクセンを併合し、南はランゴバルド王国を滅ぼしてイタリア北部を領土に加え、スペインではイスラム勢力を抑え、東はアジア系遊牧移民のアヴァール人を退けたこのフランク王は、教会とのつながりも深く、西暦八〇〇年には教皇レオ三世からローマ皇帝の冠を授けられます。

現代的概念での西ヨーロッパは、このシャルルマーニュの登場によって誕生したともいわれ、今日フランスとドイツが何かとイニシアチブを取ろうとするEUを評して、新フランク王国あるいは新シャルルマーニュ帝国の誕生だと揶揄《やゆ》する向きもあります。それだけ当時シャルルマーニュといえばヨーロッパそのもののような存在だったのです。

こういう時代の国際力学に、ブリテン島の要素などなくとも、世界は何の不都合も感じなかったことでしょう。まあ、こういうと今日のイギリス人は気を悪くするでしょうが、でも大して外れてはいないことは確かです。要するにブリテン島の中で起こっているアングロサクソン王国間の争いは、所詮コップの中の嵐の類であり、世界はコップの一つや二つ、気にもとめていなかったのです。そのコップの中の王のオッファが、世界の王といってもいいシャルルマーニュと対等の外交関係を持とうとがんばったのですから、すごいことです。

このシャルルマーニュが、七九六年にオッファにあてて書いた手紙が現存しています。オッファがシャルルマーニュに出した手紙の返書にあたるものです。これによって、当時の両国の関係がよくわかるのですが、まず双方の第一の関心事は通商の円滑な維持ということでした。たとえば、シャルルマーニュはオッファにこう書いています。

あなたが心配する商人の安全については、彼らはわが王国において保護されることを保障します。もしあなたの国の商人がわが国において不当な扱いを受けるなら、彼らは我々に訴えることを許されます。同様に、わが商人は貴国において公正な判断を求めることを要求します。

（『アングロサクソン人』J・キャンベル編〈Cambell,J., ed.,*The Anglo-Saxons*〉）

全アングル人の王

ここからは、オッファに対して全く対等の関係でお互いの通商を促進しようとしたシャルルマーニュの意思を明確に読み取ることができます。何か、オッファに対する一種の敬意のようなものすら感じられる文面です。それもそのはずで、この手紙はヨーロッパの君主の間で、通商・貿易のことについて話し合った最初の手紙なのです。こういう、通商のことをトップが語り合うには、少なくともそれを行おうとする国々が国内的に安定し、また通商できるに足る資源や商品をもっているレベルに達していないと不可能です。

つまり、あのフランクの大君主シャルルマーニュが手紙という「公式」な書類を残してまで、彼の周囲を取り巻くヨーロッパの国の中で、通商するに足る相手として認めたのがマーシアだった、ということです。この手紙の別の部分では、シャルルマーニュはオッファを「兄弟」とも呼んでいますから、一定の敬意をオッファに払っていたのは確かなようです。

これは、シャルルマーニュがオッファのマーシアを、今日イングランドと呼ばれる地域を代表する国家として意識していたからでしょう。実際に、オッファはアングロサクソンの王国に覇権を確立していく中で、「全アングル人の王」（rex Anglorum）という称号を用いるようになりました。

イングランドという言葉は、アングル人の国（Angles Land）を意味するものです。王国間の争いを繰り返していたアングロサクソン人たちが、自分たちは共通のイングランドという国の住民であるという統一国家意識を抱き始め、それがほぼ成立するのは十世紀の、アルフレッド大王の孫にあたるアゼルスタン王の治世とされています。アゼルスタン王は自らを公式文書で「イングランド王」と記しました。

従って、アゼルスタンの時代をイングランド国家意識の成立期と見るなら、オッファはこの国家意識を抱き始めた時代でした。つまり、オッファは全アングロサクソン人の王、元首として、外国の王であるシャルルマーニュと交渉する気概を示した最初の王だったのです。

そのために、オッファは国の機構も変革しました。彼は支配下のアングロサクソン諸王国に徴税のみならず、軍役、道路改修などの公的負担も求めました。つまり、これまでもっぱら軍事力だけで他を支配する王権から、全アングロサクソン人の統治王権としての基盤づくりに着手したのです。イギリスの伝統的な通貨であるペニーもオッファの時代、統一王国の通貨であることを念頭に造られたものです。

こういうオッファを覇王にしないのですから、やっぱり「歴史を書く側の人間」を素直に信じられなくなるのは、仕方のないことかもしれませんね。

栄光と、夢の跡

長大なオッファの防塁

「最近のこと、マーシャに、とある勇壮な国王がいて、周辺の全ての国王と近隣諸国から恐れられていた。その名はオッファ。また、彼はウェールズとマーシャの間を海から海へ及ぶ大規模な土防壁を造らせた」。

これは、前項でも紹介したアッサーの『アルフレッド大王伝』の中の一節です。何も改めてオッファという王様がいたことを知らせるために、この文章を引き合いに出したのではありません。注目していただきたいのは後半部分の、オッファが「海から海へ及ぶ大規模な土防壁を造らせた」というところです。

これが、これから語っていく「オッファの防塁」（Offa's Dyke）についての記述です。今

図7　オッファの防塁

日、オッファの防塁はイギリスはもちろん、世界中の歴史好きの間で広く知られている歴史遺産です。けれども、このオッファの防塁のことを記している史料は、このアッサーの『アルフレッド大王伝』だけしかありません。しかも、ご覧の通りのほんの一行ほどです。その壮大なスケールを考えれば、もっといろいろな記録が残されていてもいいはずだと思うのですが、意外です。それだけオッファが、マーシアが、嫌われていたということなのでしょうか。

このオッファの防塁とは、一体どんなものなのでしょう。これは、マーシアの西境にオッファが築いた大規模な防塁、すなわち防御用の土手です。アッサーが「海から海へ」と記したように、アイリッシュ海に面したディー川河口から、ワイ川がブリストル海峡にそそぐ河口まで、マーシアとウェールズの国境沿いに延々と築かれたもので、総延長は約二百四十キロになります。これがどれくらい長いかといえば、本書のプロローグで述べたローマ期の「ハドリアヌスの長城」と「アントニウスの長城」を足した距離よりもさらに長いのですから驚きです。

　防塁は西側、つまりウェールズ側に掘られた深さ百八十センチほどの壕と、その東側の高さ七メートル六十センチほどの塁より成っており、その要所要所には砦が置かれ、また塁の上部は土ではなく石塁になっていて、当初の状態は頑丈な造りだったと推測されています。ただ、ハドリアヌスの長城のように兵がここに常駐していたかどうかは不明です。オッファの防塁は現在でも半分以上の、合計百三十キロほどが残っていて、あちこちでその遺構を見ることができます。しかし、何でオッファはこんな大変なものを造ったのでしょうか。

　それは、ウェールズ人の侵入を防ぐためでした。マーシアはケンレッド王の頃から、ウェールズ人の侵入に苦しんでいました。その解決策として、オッファが取り組んだものが、この防塁の建造だったのです。さすがに、アングロサクソン王国中に覇をとなえたオッファはスケールが違います。では、この防塁は大いなる効果を発揮したのでしょうか。ウェールズ人の侵入を完全にブロックできたのでしょうか。ここが問題なのです。

敵と合意して造られた？

実は、オッファの防塁にはかなりの箇所で隙間がありました。いえ、隙間どころではありません。門のような出入り口すらあったのです。ずっと後世になって、住民の通行に支障があるからこういうものが作られたというのではありません。最初からあったのです。どういうことでしょう。

オッファの防塁に関しては様々な意見がありますが、最も納得できるのは、これは「合意された防塁」だ、という考えです。実際、ウェールズ人とマーシア人は、とくに双方の農民たちは、早い時代からお互いの境界の内側や外側で農業にいそしんでいました。国の政治的動向はさておいて、底辺ではこうなっていたということです。

よって、蟻の這《は》い出る隙もない壁を作ってしまっては、マーシアの人民も困ってしまいます。かといって、大規模な軍事侵略は防がなければなりません。そこで、壁がある程度ルーズであれば、双方の住民たちが何とか行き来するぶんには不都合はないですし、また、かつてないスケールの防塁であること自体には間違いありませんから、大規模な軍事侵略に対しては十分な心理的抑止力になる——こういう考えから、隙間や門が作られたのでしょう。軍団を常備させてガチガチに守っていたハドリアヌスの長城とは、ずいぶん違う発想ですね。隣国同士の関係には、戦い一辺倒だけでは決してない、なかなか奥深いものが見え隠れするものです。

で、オッファの防塁は効果があったのか、という問題にもどるのですが、マーシアがどんどん領土を広大し、シャルルマーニュとも互角に渡り合った経緯をみれば、後顧の憂いがなくなったからこそ、そういうことができたとも考えられるわけです。従って、この問題の結論はすでに出ている、ということでしょう。

デーンとの死闘

さて、シャルルマーニュから敬意すら払われ、イングランド統一国家への基礎を築いた偉大な王オッファは、七九六年に世を去ります。三十九年間にわたる長い在位でした。これだけの長期間政権を操ってきたからこそ、いろいろな業績を残せたのでしょう。オッファは、隣国からいわれるような、ただ恐ろしく、勇猛なだけの王では決してありませんでした。彼はキリスト教への信仰も厚く、晩年には教皇との関係を強化するため、ローマへ巡礼の旅に出ています。そういうところも、同じように教皇との間で太いパイプをもっていたシャルルマーニュから一目置かれた理由だったのでしょう。

オッファの後は息子のエグフリッドが王位を継承します。しかし、このエグフリッド、王様になってからたった百四十一日で死んでしまいます。その後を遠縁の親族のケンウルフが継ぐのですが、このころからマーシアの勢いにかげりが出てきます。オッファによって、フランク王国に亡命を余儀なくされていたウェセックスの王位継承者エグバートが大陸から戻ってきて王になり、積年の恨みをマーシアに果たすべく攻勢をかけてきたからです。

また、強大な力を持った王がいなくなった国の常で、オッファが死んだのちは何か求心力がなくなったかのように内紛が続きます。これに乗じて、ウェセックスはどんどんマーシアを圧迫していきます。九世紀以降は、両国の力関係が完全に逆転し、マーシアは次第にウェセックスの支配下に組み込まれていくことになります。

ただ、マーシアが衰えていった原因は、ウェセックスの台頭だけに帰せられるものではありません。その最大の理由は別にありました。デーン人です。

『年代記』は七八九年に、三隻のデーン人の船がドーセット海岸に着き、駆けつけた王の役人を殺したことが記されています。これが、デーン人襲来の始まりでした。これ以降、彼らは頻繁にブリテン島を海岸沿いに出没し、住民を不安におとしいれていきます。そんな不穏なブリテン島のこれからを予測するかのように、『年代記』は七九三年、ノーサン

ブリアに起きたこととして、

　空にはもの凄い稲妻、そして火を吐く竜が飛んでいるのが目撃された。

と記しています。竜まで飛んでいたのですねえ。もとの英語ではdragonsとありますから、一匹、いや一頭とでもいうのでしょうか、とにかく単数ではなく、多数飛びかっていたようです。これは住民にとっては、本当に恐ろしかったことでしょう。我々はこれからどうなってしまうのだろうか、と。

　九世紀にはいると、ほとんど毎年のようにデーン人はブリテン島に襲来します。彼らは通常、二十から三十隻ほどの船で来襲を繰り返していましたが、八五一年には三百五十隻の船に兵を満載し攻撃をしかけてきました。

　一隻にどのくらい乗れたのかは、船の大きさによってまちまちですが、この頃、革新的なロングシップという船が現われました。それは平均的な長さが約二十五メートルで、百人前後の人間を乗せることができたようです。おそらくデーン人はその最新の船に乗ってやってきたのでしょうから、そうなるとこの年襲ってきたのは、三万五千人の大軍ということになります。無茶苦茶な数です。

　このとき、デーン人と戦ったのがマーシアの国王ベルフトウルフでした。『年代記』は戦いの帰趨を記していませんが、デーン人がテムズ川を遡って奥深く侵入したことが記されていますので、勝っていないことは確かです。いや、これからはデーン人に対して、アングロサクソン側が勝つことはほとんどありません。しかもこの頃から、デーン人はブリテン島で越冬するようになります。つまり、これまでは攻撃しては、いったん本国に引き返し、また来襲するというパターンだったデーン人の一部に、ブリテン島に腰を下ろして侵略にあたる勢力が出てきた、ということです。

後をウェセックスに託して

そして、いよいよ八六五年の、ノーサンブリアやイーストアングリアを壊滅させた「大異教徒軍団」の大船団がやってきます。征服したノーサンブリアの南部に居ついたデーン人は、そこからブリテン島のあちこちに侵略を開始し、マーシア軍を激しく攻撃します。これ以降マーシアは、デーン人との防衛戦の最前線に立たされることになります。そんな間にも、続々と新たなデーン軍団は押し寄せてきます。

八六八年にはデーン軍はノッティンガムで越冬します。八七二年にはロンドンで、八七三年にはリンジイで越冬します。そして、八七四年には、何と歴代マーシア王の墓がある王国の聖域レプトンで、彼らの越冬を許してしまいます。これがために、時のマーシア国王バーグレッドは、とうとう国を脱出しローマに逃げ、そこで生涯を終えます。

マーシアはもうふらふらでした。国が大きかったため、必然的に多くの防衛戦争をデーン人と繰り広げざるを得なかったのです。その結果、国土はずたずたに切り裂かれ、かろうじて命脈を保っているに過ぎませんでした。でも、それは見方を変えれば、後にウェセックスにアルフレッド大王が登場し、デーン人に痛烈な鉄槌《てっつい》を下すまで、イングランドにおいて彼らの攻撃を一身に引き受けていた「勲章」とみなすことができます。

矢尽き、刀折れたマーシアは、こうして対デーン戦の後事を託すように、十世紀になるとライバルだったウェセックスに吸収併合されていきます。見事な滅びの美学でした。そして、マーシアには夢の跡が残りました。オッファの防塁という。

ウェセックス王国

Wessex

幕末のアルフレッド大王

万世一系の英王室

ウェセックスは、イングランド南西部に六世紀の初頭に成立したアングロサクソンの王国です。現在でいうと、ハンプシャー州、ドーセット州、サマセット州あたりにできた王国といったところでしょうか。ウェセックス（Wessex）という名は、「西のサクソン」（West Saxon）に由来しています。このウェセックスに対しては、現代のイギリス人は他のアングロサクソン諸王国と比べ特別の思いを、いうならば強い親しみのようなものを抱いているようです。私が推測するに、たぶんそれは次の二つの理由からでしょう。

一つは、現エリザベス二世の英国王室とこのウェセックス王家の血は、つながっているということです。つまり、ウェセックス王家は、現英国王室ウィンザー家のご先祖さまである、と。よく、英国の王室は日本の皇室と同じように「万世一系」であるといわれますが、これはそれなりに根拠のあることなのです。

——えっ、そうなの？　違うんじゃないの？　あの一〇六六年の有名な「ノルマンの征服」によって、それまでの英国王家は途絶えてしまったはずじゃないの？——と、疑問を持たれる方も歴史好きの中にはきっといらっしゃることでしょう。でも、そうではないのです。ノルマン征服王家と、それまでのイングランド王家との血のつながりはあるのです。

説明しましょう。ノルマンの征服を成しとげたノルマンディー公ギヨーム、つまりウイリアム征服王（ウイリアム一世）は、フランドル伯ボードワン五世の娘、マティルダを妻としていました。このマティルダは、実はアルフレッド大王の娘、エルフリダの六代目の子孫だったのです。つまり、フランドル伯家には、ボードワン二世の時代にウェセックスからエルフリダが嫁いできた、ということなのです。

ですから、ノルマン征服王家初代のウイリアム一世自身にはウェセックス王家の血が流れていなくとも、エルフリダから六代目のマティルダとウイリアム一世との間に生まれた子供たち、すなわちノルマン王家二代目のイングランド国王ウイリアム二世と、三代目の国王ヘンリー一世の二人は、共にエルフリダの七代目の子孫ということになります。ここに、ウェセックス王家の血は征服王朝ノルマン家に受け継がれたという次第です。そして、その血はその後も英国王室に絶えることなく流れていったのです。

――でも、ちょっと待って。子孫といっても、六代目や七代目じゃあ、早い話がもう他人じゃやない？――

こんな意見もきっとあるでしょう。一般人的な感覚では、そうかもしれません。しかし、王家となれば話は違います。どの国でも王家とはときとして、たとえ遠い血筋でも、つながってさえいればそれを根拠に王統の正当性を前面に押し出して、王位を継承してきた歴史があります。日本でも、武烈《ぶれつ》天皇が崩御したあと皇位を継承する者がいなかったため、応神《おうじん》天皇の五世の孫である継体《けいたい》天皇が即位しています。これなども、血の遠さに関しては似たようなものです。要は、どこかでつながっていることが王家にとっては大事なのです。

ウィンザー家はドイツから

ついでにいえば、その後も英王室にはこの「万世一系」の血統が途絶えそうになる危機がありました。たとえば、一七一四年、女王アンが世を去ったときのことです。アンには七人子供がいましたが、みんな早世しています。直接の後継者がいないという緊急事態に、時のウィッグ党内閣はドイツのハノーバー選帝侯ゲオルグに白羽の矢を立て、イギリス国王として招きました。これがジョージ一世です。

系図では、ジョージ一世はイングランドとスコットランド連合王国の君主になったジェームズ一世のひ孫にあたります。ちょっとややこしいですが、ジェームズ一世の娘エリザベスが、ドイツのライン宮中伯フレデリックと結婚してソフィアという娘をもうけます。このソフィアが、ハノーバー家のエルンスト・アウグストとの間で産んだ子がゲオルグ、つまりジョージ一世なのです。とても遠い親族でしたが、ここでも血筋の危機を乗り越えてちゃんとつないだということです。

ところでこのジョージ一世、もう完全なドイツ人で、ドイツ語しか喋れず、いつも英王室から故郷ハノーバーを偲んでいたということです。現在の英王室のウィンザー家は、このハノーバー家から来ています。ハノーバー家は一九〇三年、エドワード七世が即位するとサックス・コーバーク・ゴータ家と名を改めますが、ドイツ風の名前であることに変わりはなく、第一次世界大戦が始まると敵国ドイツの名前では具合が悪いというので急遽、英国風にウィンザー家となったのです。口の悪い向きはいまだにウィンザー家のことをドイツ人と、陰口をたたきます。

まあ、しかし、こう見てくるとウェセックス王家以来の血は、果てしなく薄まりながらも、必ずや王族の誰かに受け継がれ、何とか現エリザベス二世まで続いてきているわけで、このあたりが、イギリス人がウェセックス王国に自分たちの王家のルーツとして特別の親しみを感じるゆえんなのでしょう。

エピソード満載の大王

ウェセックスに今日のイギリスの人々が親しみを感じる二つ目の理由は、何といってもアルフレッド大王の王国だからでしょう。現在まで続く英国の歴代君主の中で、大王の称号を冠せられた人物は、このアルフレッド大王（Alfred the Great）しかいません。それほどにイギリス人が思い慕うほど、この王は大きな業績を残し、また人間的な魅力にあふれていたと、人々によって語り伝えられてきました。

実際、アルフレッド大王にまつわる逸話、伝説の類は、山のように現代に伝えられています。もちろん、アルフレッド大王を偉大たらしめているのは、彼がデーン人をこてんぱんにやっつけて長年の脅威を取り除き、ウェセックス王国がイングランド王国へと発展を遂げる基礎を築いたことにあるのは疑いを持ちません。

ふつうなら、これだけでもう十分なのです。が、大王の場合は、これはまだ序の口です。まず、大王は発明家でした。時計を考案したからです。そして、大王は優れた法律家でした。「アルフレッド法典」を編纂し、陪審員による裁判をイギリスで初めて行った人だからです。大王は教育家でした。オックスフォード大学を創立しましたから。

まだまだあります。彼は初めて水軍を組織しました。つまり、大王はイギリス海軍の創始者でした。学者でもありました、ラテン語の書物を自ら英語に訳した賢人でしたので。いえいえ、大王は奇略家でした。吟遊詩人のふりをしてデーンの陣営に忍び込み、敵情を視察しましたから。極めつけは、大王は庶民性あふれる人でした。なぜなら、お百姓の家で居候をし、うっかりしてパンを焦がしてしまい、その家のおカミさんにこっぴどく叱られましたので……。

これらはみな、イギリス中で親しまれている大王にまつわる話です。とくに、最後のパンを焦がしてお百姓のおカミさんにひどく叱られたエピソードは、わが国にも幕末のころにすでに伝わっていたというから驚きです。

このアルフレッド大王の話を掲載した新聞は、『万国新聞紙』という日本語の新聞です。『万国新聞紙』は、横浜在留の英国人教会人ベリー師が、慶応三年（一八六七）正月中浣《ちゅうかん》（中旬）に創刊したものです。この新聞には、「大英国史」というシリーズ読み物欄があり、当該エピソードは慶応四年（一八六八）正月下旬発行の『万国新聞紙』第十集の「大英国史・第七編」に記載されました。この記事の一部が小田卓爾氏訳の『アルフレッド大王伝』に引用されているのですが、読み物としてとても面白いものですので、少々古い文体ですけれど、これを本書でも紹介しようと思います。なお、ここには当時の日本人にも理解しやすいよう、アルフレッドは「パンを焦がした」ではなく、「餅を焦がした」と、わざと変更されています。それもまた興味深いところです。

「餅」を焦がして叱られる

「アルフレッド」其《その》臣下を愛し防ぎ守り敵と烈しく戦へども最初は臣下これを喜ばず、全く王の大労を知らざる故なり。「アルフレッド」大いに怒り猟することや遊ぶ事を好む者を賤しめり。よつて人民多くは王を見捨て「テーンス」に従ふ者又は他国へ出奔せり。「アルフレッド」是非なく貧民の形に身をやつし、豚を養ふ人の小屋に逃入豚かひの眷属《けんぞく》の如くにして日を送れり。豚かひの妻思ひけるは、此《この》人は「テーンス」

図8　アルフレッド大王

に捕へられ、夫《それ》より逃げ出したる兵士ならんと。或日「アルフレッド」火の側に座し弓矢を作り居りしが、此家の妻餅鉄きうにのせ「アルフレッド」に其餅の焼こげぬよう気を付呉《つけくれ》よと頼み置出行《おきいでい》けり。「アルフレッド」固く請合《うけあい》独り座し、自分の国を悪逆なる「テーンス」の為に崩されし始末を考へ、餅の燃るを忘れ、やがて其家の妻帰り餅如何《いかが》なるやと見ば案の外、餅はくすぶりてある故大ひに怒りて云には、汝毎《なんじごとき》に我焼しもちを遠慮なく食ひながら、其もちを焼こともも出来ぬ程の不性奴《ぶしょうめ》かなとて大ひに誘《そし》れり。然るに其後此妻彼は「アルフレッド」王なる事を知り、彼を叩《しか》りしことを悔《くや》みとぞ。「アルフレッド」は笑ひ夫婦の者に云ひけるは、我汝等の為に危きを救はれし、此恩《このおん》決して忘れがたしと

とにかく、これを読むと、アルフレッド大王って、何て真摯でいい人なんだろうと思ってし

まいますね。とくに最後の、「我汝等の為に危きを救はれし、此恩決して忘れがたし」などというところは、あっぱれ名君！　という感じで日本人にはしみじみときます。

もちろん、右に紹介したような数々の話がどれほど正確なのかはわかりません。ですが、こういったエピソードの豊富さそれ自体が、大王が誰からも愛され、慕われていたことの証に他ならないでしょう。このように、ウェセックスは現代のイギリス人にとって、格別の意味を持つ王国なのです。

山あり谷ありのエグバートまで

王国の祖セルディック

主（キリスト）の御降誕《ごこうたん》から四九四年、セルディックとその息子キンリックは五隻の船を率いてセルディィセソラに上陸した。セルディックはエルサの息子であり、エルサはエスラの息子、エスラはゲウィスの息子、ゲウィスはウィッグの息子、ウィッグはフレアワインの息子、フレアワインはフリスガルの息子、フリスガルはブランドの息子、ブランドはベルデッグの息子、ベルデッグはオーディンの息子。

『年代記』は、五世紀末にセルディックと息子のキンリックがイングランド南西部、現在のハンプシャー南部に上陸したことを右のように記しています。そしてこの上陸より六年後、彼らがウェールズ人からその地を奪い、ウェセックス王国を建てたと伝えています。このセルディックとキンリック親子は、ケントに上陸したヘンギストとホルサ兄弟と共に、ユトランドの地からブリテン島に上陸したアングロサクソン人の二大首長グループの一方の雄です。とりわけ『年代記』はウェセックスで編纂されたものであり、セルディックとキンリックは王国の始祖に当たるだけに、二人の上陸を一番最初に記しています。

セルディックは十六年間王位にあったのち世を去り、玉座を継いだキンリックは二十六年統治し、その後はキンリックの息子のケアウリンが王位を継いだ、と『年代記』は記しています。このケアウリン王は、『教会史』や『年代記』がアングロサクソン王国中で二番目の覇王としている人物です。彼はどんなことを成し遂げた王だったのでしょうか。

ケアウリン（在位五六〇—五八八）は、五六八年に息子のクッサと共にケントのエゼルベルト王と戦い、これを破ります。さらに五七一年と五七七年にはブリトン人と戦い、とくに五七七年のダーラムで行われた戦闘では三人のブリトン人の王を殺すなど完勝し、グロースター、シレンスター、バースといった重要な拠点を押さえたとされています。こうした一連の戦いにより、ケアウリンはウェセックス王国の初期における領地拡大に成功しました。それゆえ、二番目の覇王に「選出」されたのでしょう。

でも、正直のところ、この程度の戦功では南イングランド一帯を支配したとはとてもいえません。それにもかかわらず覇王になれたのですから、アングロサクソン王国初期の覇王選考基準はずいぶん甘いような気がします。ちなみに、一番目の覇王はサセックス王国のアエラですが、この人物が何をやって覇王に選ばれたのかといったことについては、何せ実際にいたかどうかも定かでない王のこと、詳しいことは不明です。覇王も初めの頃は、半分伝説に助けられて得をしたということでしょうか。

押しつけられたキリスト教

ケアウリンは、「ケント王国」の章でも記しましたが、ウェセックス王宮の内紛で王位を追われたのが原因で死んでしまいます。彼の死と共にウェセックスは勢いを失い、王国は最初の下降期に入っていきます。ノーサンブリアからは、暗殺者を送った仕返しに、あのエドウィンが大軍を率いて南下、ウエセックスはこてんぱんにやられてしまいますし、六二八年には時のキネギルス王が、この頃から勢いを増してきたマーシアのペンダ王と戦い、手痛い敗北を喫してしまうなど、いいところがありません。

加えて、このキネギルス王は、ノーサンブリアのオスワルド王の後見で、六三五年にキリスト教に改宗します。いや、改宗させられた、といったほうが正確でしょう。なぜこうなったかというと、六二八年の戦いでペンダに負けてしまったため、今後はノーサンブリアと共同でペンダに対抗しようとキネギルスは考えました。ちょうどノーサンブリアもペンダの攻勢を警戒していましたので、両国の同盟はすんなりと成ったのです。

けれども、その代価として、ベーダが絶賛するキリスト教の庇護者オスワルド王から無理やりキリスト教をおしつけられてしまった、というわけです。ノーサンブリアのほうが強力ですから、キネギルスは逆らえません。いきさつはどうであれ、この六三五年をもって、ウェセックスはキリスト教に改宗したということができるでしょう。

キネギルスの息子で後継者のケンワルフ王も非力でした。彼は父親と違ってキリスト教を拒否し、それゆえ異教の王ペンダに接近し、その妹と結婚します。ペンダの義理の弟になることで国力を回復しようとしたのです。が、男と女のことはわかりません。結婚してすぐに、ケンワルフはペンダの妹を離縁してしまいます。後のオッファの娘エアドブルフのように、相当ひどい女だったのでしょうか。

とにかくペンダは勝手に妹が離縁されたことでひどく激怒し、恐れをなしたケンワルフはイーストアングリアに逃れ、アンナ王にかくまわれます、これが遠因でアンナは後にペンダに殺されてしまうことになります。ほんとうにこの頃のウェセックスは、他のアングロサクソンの強国に好き勝手にされ、散々でした。

ウェセックスは、七世紀末から八世紀始めにかけてのイネ王（在位六八八―七二六）の治世に、やや持ち直します。この時代、ウェセックスはケントやサセックスに支配権を及ぼすに至ります。また、マーシアとは数度にわたって戦闘を交え、大捷《たいしょう》はないものの、国境を越えさせることは許しませんでした。

イネが有名なのは、「イネ王の法典」と呼ばれる法を発布したことです。これは、ケントの「エゼルベルト王の法典」と、後の「アルフレッド大王の法典」と並んで、俗にアングロサクソン時代の三大法典と呼ばれるものの一つです。イネ王の法典は全七十六条より成っていて、エゼルベルト王の法典と同じく、全てが危害を加えられたことに対しての賠償や罰則と、紛争を解決するための規定です。イネが法典を作ったのは、秩序だった社会の構築を意図していたからでした。そうした努力は、ウェセックスに一定程度の安定と繁栄をもたらしました。しかし、イネが世を去ってからは、ウェセックスはまた下降期に向かいます。状況はマーシアにオッファが即位してからより悪化していきました。

王位継承者はケント王の子

ウェセックス王国が再々度大きく飛躍するのは、八〇二年にエグバートが即位してからです。これ以降のウェセックスは、もう他のアングロサクソン王国の支配を受けることはなく、新時代への道を進んでいきます。やがては自らが母体となって統一イングランド王国を形成し、イギリス史を次のステージへと大きく動かしていくことになるのです。

そんなウェセックス躍動への舵を切ったエグバートとは、どんな人物だったのでしょうか。この人はあのアルフレッド大王のおじいさんだと言えば、ああそうかと、何となく身近な感じもわいてくるのではないでしょうか。

エグバートには王になる前、「マーシア王国」の章でも触れたベオルフトリックという王位継承を巡るライバルがいました。ベオルフトリックの素性については詳細がわからないのですが、エグバートと同様に王族の一人であったようです。両者には、共に王になるための絶対的な一族・家臣の支持が足りませんでした。先王のキネウルフが王宮の内紛で殺されてしまったように、ウェセックスの首都ウィンチェスターの王宮は王族たちの権謀《けんぼう》術数《じゅっすう》が渦巻いていました。ゆえにエグバートを支持する者が多数を占めるまでには至らなかったことは理解できますし、それはベオルフトリックについても同じでした。

エグバートには別の弱みもありました。彼にはウェセックスの王族というよりは、ケント王の子と見られても仕方がない面があったからです。エグバートの父親エアルフムンドがケント王だったことによるものです。エアルフムンドは、あの覇王ケアウリンの血を受け継ぐウェセックス名門の出です。

父エアルフムンドがケント王になった経緯については定かではありません。考えられることは婚姻ですが、エアルフムンドの妻がケントの王族だったという記録はなく名前もわかっていません。ただ、ケント王になったのですから、それだけの納得できる理由があったに違いなく、単に史料がないだけでやはり婚姻からだと推察されます。

さておき、次のウェセックス王はエグバートか、ベオルフトリックか。要は、強い後ろ盾を持った者が王位を継げる最短距離にいたわけで、その意味でカギはマーシアのオッファが握っていました。ウェセックス王を傀儡《かいらい》にしようとするオッファにとっては、エグバートよりベオルフトリックのほうがはるかに御しやすい相手でした。

というのも、かつてオッファがケントを攻めたとき、エグバートは父のケント王エアルフムンドと共にオッファと戦ったからです。当時エグバートはケントにいました。ケントがオッファに屈すると、エグバートはケントを逃れ、母国であるウェセックスに帰ってきていたのです。父エアルフムントの消息は、その後の記録に出てこないのでわかりません。

オッファはまずベオルフトリックを強力に推して王位につかせ、さらに絆を固めるため娘のエアドブルフをベオルフトリックに嫁がせました。そして、両者は共同で邪魔者のエグバートを亡き者にしようと謀るのですが、いち早く危険を察知したエグバートはフランク王国のシャルルマーニュの許へと逃れます。

八番目の覇王エグバート

さて、ウェセックスを意のままに操ったオッファは七九六年に世を去り、八〇二年にはオッファの操り人形だったベオルフトリックが、毒婦エアドブルフによって文字通り毒殺されてしまったのはすでに見てきました。状況は変わりました。エグバートは亡命先のフランク王国から直ちに帰国すると、一族の賢人会議の要請で王になります。風が変わり、王国中から待ち焦がれたような王位への就任でした。

今度はエグバートが宿敵マーシアに復讐する番です。しかし、オッファが死んだとはいえ、マーシアはまだまだ強国でしたから、エグバートは下手に動くことはしませんでした。彼はひたすら国力を蓄えながら、時期が来るのを待ちます。

そして八二五年。いよいよエグバートはマーシアと正面からぶつかります。『年代記』

は、エグバートとマーシア王のベオルンウルフがエランダムで戦い、エグバート軍がマーシア兵を多数殺戮して大捷《たいしょう》したと記しています。エランダムは今日のウイルトシャー、スウィンドンの南数キロの地点とされています。

この戦いで敗れたマーシアは、急速に他のアングロサクソン王国への支配力を失っていきます。その象徴的な出来事は、エグバートに負かされたベオルンウルフが、イーストアングリアの人々によって殺されてしまったことです。

「マーシア王国」の章でふれましたが、イーストアングリアの王エゼルベルトは反乱の罪でオッファによって斬首されていましたから、これは人々によるその復讐でした。マーシアに支配されていたケント、サリー、サセックス、エセックスもエグバートに続々と恭順します。

残っていたのは北の雄、ノーサンブリアでした。エグバートは八二九年、ハンバー川を越え侵攻します。これに対して時のノーサンブリア王エアンレッドは、和を請い服従を誓います。ここにエグバートはハンバー川の南と北に覇権を打ち立てるに至ったのです。『年代記』は八二九年の項で、初代のアエラから七番目のオスウィまで、『教会史』と同じ覇王を挙げた後、高らかにエグバートの名を八番目の覇王として記しています。

デーンとの戦い始まる

ウェセックスには、しかし、従来の相手とは比較にならない強力な敵との血みどろの長い戦いが待ち構えていました。デーン人です。エグバートが初めてデーン人と戦ったのは八三六年でした。このとき、三十六隻のデーン人の船がブリストル海峡に面したカラムプトンの村を襲い、ウェセックス軍と対戦しました。デーン人は大殺戮を行い、その場所を占拠したと『年代記』にありますので、エグバートはボロ負けだったようです。

八三八年にはデーン人は大船団でコンウォールに到り、何とその地のブリトン人と連合してエグバートに向かってきます。しかし、今度はエグバート、このデーン・ブリトン連合軍をコンウォールの丘のヒングストン・ダウンに破り、何とか面目を保ちます。が、彼のデーンとの戦いもここまでで、翌八三九年、エグバートは生涯を閉じました。そしてデーンとの戦いは後継者に委ねられていくのです。

お騒がせな父親と頑張った息子たち

ここでエグバート王以降のウェセックスの王様を図にしてみます（次頁）。

各王の下の数字は、初代セルディックから数えて何代目の王にあたるか、という表示です。つまりエグバートは十八代目の王ということです。エグバートの後は息子のエゼルウルフがウェセックス王を継ぎ、その後はエゼルウルフの四人の息子たちが順番で王になります。王である兄が死ぬとすぐ下の弟が、という形で玉座は兄弟間を継承され、最後は一番下のアルフレッドが王になりました。

王位をリレーした四兄弟

兄弟がみな王になるというのは、アングロサクソン王国時代はもとより、どの時代、ど

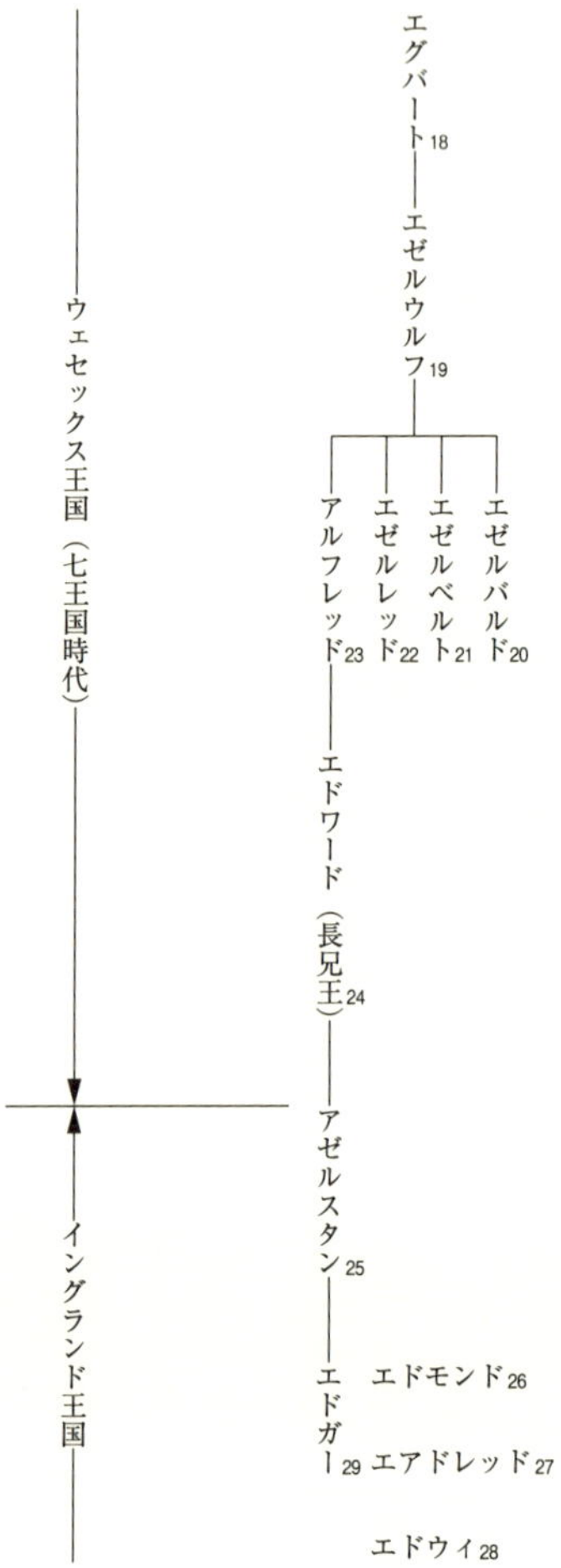

図9　エグバート関連系図

の地域にあっても大変珍しいことでしょう。兄弟がたくさんいると、往々にして王位を巡って争ったりするものですが、よほど仲がよかったのでしょうか。

いえ、本当は四兄弟でお家騒動などしている暇はありませんでした。デーンとの防衛戦争に明け暮れ、大変だったのです。どのくらい大変だったのか。ちょっと、在位期間を調べてみましょう。まず、四兄弟の祖父エグバートは、三十七年間国王の地位にありました。かなり長いですね。その息子エゼルウルフは十六年間、まあ、普通でしょうか。

ところが、その息子の四兄弟からはぐっと短くなります。エゼルウルフの一番年長の息子エゼルバルドが五年、その次のエゼルベルトが六年、エゼルレッドが五年という在位期間です。末子のアルフレッドは二十八年間と長くなっていますが、これは彼がデーンに対して華々しい戦勝を収め、ある程度安定した時代を築き、その結果長生きできたからです。もちろん彼の兄たちもデーンに勝って、平和を築いて長生きしたかったことと思います。

しかし、その願いは叶いませんでした。アルフレッドの兄たち三人はみな、デーン人と激しく戦い、度重なる心労や戦いでの深手がもとで死んでいきました。兄が斃《たお》れ、弟が王を継ぎ、その弟も斃れ、さらに下の弟が継ぐ。お家騒動なんて、だからとんでもありません。デーンとの戦いで、死にもの狂いの時代だったのです。

が、命を縮めながら、必死で兄弟たちが王位を矢継ぎ早にリレーしつつがんばったのに、その兄弟の父親は、なんともまあいい加減でした。そして、その親が原因で、兄弟間では生じなかったお家騒動が、ウェセックスに起こってしまいました。

十二歳の花嫁を連れ帰った父

四兄弟の親であり、覇王エグバートの息子であるエゼルウルフは、先代が偉大だっただけに、印象が薄い国王でした。エゼルウルフは、武勇の王というよりは、信仰心に厚い人物といったほうが正確です。彼はマーシアとのエランダムの戦いでベオルンウルフを破ったあと、父エグバートによってケントに派遣され、マーシアの傀儡《かいらい》国王を追放し、ケントを始めサリー、サセックス、エセックスを恭順させるのに功がありました。

しかし、めぼしい戦歴は、王になる前のこの程度のもので、その後はウェセックスの首都ウィンチェスターの修道院にこもって信仰の生活に入っていました。父エグバートが没し、即位の式に出るときも、この修道院から直行したようです。そのくらいでしたから、デーンとの戦いにはさほど熱心ではありませんでした。

しかし、熱心でないといっても、デーンは間断なく来襲してきていたのであり、すでに述べたように八五一年には三百五十隻もの船に兵を満載して攻めてきました。ただ、この頃はデーン軍団と対していたのはもっぱらマーシアであり、それがためにマーシアは衰えていくことになるのですが、ウェセックスはまだ比較的被害が少なくてすんでいました。

それでも、騒然とした世相に嫌気がさしたエゼルウルフは、八五五年に王を辞し、ローマへ巡礼の旅に発ってしまいました。実は彼がローマに発つのは二回目で、初回は八五三年、末の息子で当時五歳のアルフレッドを連れた旅でした。今回もまたアルフレッドを同行しましたが、エゼルウルフは旅立つ前に、王国を二つに分け、西半分を最年長の息子エゼルバルドに、東半分を次のエゼルベルトに与えました。

ふつう、父親がこういう後事をゆだねるような采配をすれば、誰だって、「ああそうか。おやじはもう帰ってこないのだなあ。人生の最後を、ローマで、祈りの中で過ごすのか。ご苦労さんでした」と思いますよね。二度目のローマ行でもありますし、かつてはマーシアのケンレッド王も、エセックスのオッファ王も、一介の巡礼者としてローマに赴き、その地の土となりました。キリスト教を信じる王としてあった者の、終わり方の理想であり、美学です。

けれども、彼らの父親エゼルウルフは、一年後の八五六年、ひょっこりローマから戻ってきたのです。それも、何やら若返って！

エゼルウルフは、何と十二歳という、若い花嫁を連れて戻ってきました。名前はジュディス。西フランク王国のチャールズ禿頭《とくとう》王の娘です。いったい、どこでエゼルウルフはこの娘と出会ったのでしょうか。アッサーの『アルフレッド大王伝』は、「エゼルウルフはローマに一年間滞在し、そのあとチャールズ禿頭王の娘ジュディスを連れて帰国した」としか記述がありません。一方、『年代記』には、「帰途、西フランクのチャールズ王の娘を花嫁にもらった」とありますので、ローマからウェセックスに帰る途中でチャールズ禿頭王の宮廷に滞在し、そこでジュディスを見初《みそ》め、結婚式を挙げたのでしょう。『年代記』

は続けて、「良好な健康状態で母国に帰った」とあります。そりゃあ、良好な健康状態にもなるでしょう。十二歳の花嫁をもらえば。

ただ、真面目に考えれば、大陸の大国である西フランク王の娘をもらえば、ウェセックスのブリテン島における立場は一段と強くなります。チャールズ禿頭王にしたところで、エゼルウルフの義父になるのですから、ブリテン島への影響力は嫌がおうにも増すでしょう。この婚姻が、ゆえに政略的な意味合いを十分持っていたのは疑いありません。が、それを値引いても十二歳の花嫁をもらったエゼルウルフの「得をした」気分は大きく、「良好な健康状態で母国に帰った」と書かれるくらい、浮かれ気分だったということです。

お家騒動起こる

当然、驚いたのは俄かに回春した父親を迎えた息子たちです。「おやじが帰ってくるなんて聞いてないぞっ！」という具合だったでしょう。いや、帰ってくるだけだったら、せいぜいが驚く程度のもので、問題は、「おやじが妃を連れて戻ってくるなんて、聞いてないぞっ！」ということだったのです。

息子たちの一番の懸念。それは、引退した父がジュディスとの間に子供をもうけてしまうことでした。そうなった場合、せっかく分割して息子たちで統治することになったウェセックス王国は、新たな継承者の出現で大きく揺らいでしまうことにもなります。ましてや、思いがけなくも若い妃をもらって高揚感たっぷりの父親は、二人の間に生まれた子を溺愛するに違いなく、権力継承のための秩序が狂ってしまう危険性が大いにありました。

特に一番年上で王国の西半分をもらったエゼルバルドは、このことを深刻に危惧《きぐ》しました。これといった武勇の実績もなく、デーンとの戦いを避けまくり、信仰の中に慰めを見い出していたおとなしい統治者だった父親エゼルウルフが、いきなり「若返り」、とんだお家騒動の種を持ち運んできたのですから、迷惑な話ではあります。まあ、しかし、非力な人間であるがゆえに、みっともないことをしでかしてしまうことは、歴史にはよくあるものです。

で、どうなったかというと、結果からいえばエゼルバルドは父エゼルウルフに対して叛旗を翻します。ウェセックスはゆえに、一時的にちょっと騒がしい状態になります。ただ、内戦状態になった、というわけではありません。あくまでも帰ってきた父親の新しい花嫁を伴っての王位復帰に、明確な反対を表明したということです。エゼルバルドには、支持してくれる味方がありました。シャーボン教会の司教やサマセットの太守といった有力者です。

ほどなく両者の間に妥協がはかられました。長男エゼルバルドは従来通り、王国の西を支配し、父エゼルウルフは東半分を治めるというものです。このため、東半分を治めていた次の息子のエゼルベルトは統治権を父に譲らざるを得ませんでした。ただ、ウェセックスが本格的な内乱状態に入るよりは、はるかにましであり、デーンの来襲が激しさを増すいま、王国の安定一本化が急務ですから仕方がありません。

それに、問題を引き起こした張本人の父エゼルウルフ自身、戻ってきてから二年ほどで死んでしまいました。振り返ってみれば、「結局何だったのだ？　これは」という、お騒がせで終わってしまった顚末だったわけです。

ただ、この騒動、一般的には息子のエゼルバルドのほうが評判は芳しくないようです。もともと父親のエゼルウルフはそれなりに人々の人気がありました。武勇ではぱっとしないぶん、優しかったからです。また、息子のエゼルバルドはどちらかというと、野心家という印象でした。たとえば、たびたび引用している『アルフレッド大王伝』では、エゼルバルドが父に対して起こした行動を「陰謀」といい、父エゼルウルフを「王国から追放せんとする罪業を企てた」としています。これは、この本の著者アッサーが修道士であることを考えれば、敬虔なキリスト教徒でローマに二度までも巡礼したエゼルウルフを悪くいうはずはないのは簡単に理解できます。

また、アッサーがエゼルバルドを非難する決定的な理由は、父が死んだ後、ジュディスを妻としたことでしょう。義母を妻にすることは、キリスト教が激しく弾劾《だんがい》した行為でした。モラル面で、許しがたしというところでエゼルバルドは謀反《むほん》人にされてしまったわけです。

しかし、「ケント王国」の章でエアドバルトが義母を娶《めと》ったように、ゲルマン（アングロサクソン）社会では義母との結婚は一族に異論がなければ認められている行為であって、エゼルバルド自身にとってみれば、何も後ろ指を差されることじゃないぞ、ということだったのです。私にしてみれば、デーンとの戦いで国中が大変なときに、十二歳の女房を嬉々として連れて帰ってきて、王に復位しようとはかった父親のほうが、よほど厚かましいようにみえますが。

さて、エゼルウルフ亡き後、初めに述べたように息子たち、すなわちエゼルバルド、エゼルベルト、エゼルレッドは順に王になり、デーンと苦しい戦いをしながら、それぞれ短い在位期間で没していきました。そして、デーンとの戦いは末の息子、アルフレッドにゆだねられることになるのです。

そして、イングランド王国へ

軍人アルフレッド

アルフレッドは、二人の長兄、すなわちエゼルバルドとエゼルベルトの治世のときは目立たない存在でした。しかし、三番目の兄のエゼルレッドが王になると、アルフレッドはこの兄を助ける存在として、大きくクローズアップされてきます。アッサーの『アルフレッド大王伝』には、アルフレッドは「副将」とありますので、軍事的に兄を補佐する立場だったものと思われます。事実、アルフレッドは兄王とともに常に戦場にありました。

三番目の兄エゼルレッドが王位についた頃は、ちょうど、あの八六五年の大船団でやってきた「大異教徒軍団」のデーン人が、ノーサンブリアを破壊し、イーストアングリアを崩壊させ、その王エドモンドに矢の雨をあびせて殺害するなど、ブリテン島を大混乱に陥れていました。デーンはこれらイングランドの北部と東部を、のちに「デーンロウ」と呼ばれるようになる地域を実質的に支配し、定住して農業を始める者も出現するようになります。つまり、デーンはもう、ブリテン島の住民と化しつつあったのであり、とうに海に追い返せる存在ではなくなっていました。

従って、ウェセックス側にとっては、デーンを駆逐できるに越したことはないのですが、そうはいかないまでも、ともかくどこかでデーン人を屈服させ、支配下に置いて共存していくという戦略が一番現実的でした。とくに、このことを明確に意識していたのはアルフレッドでした。彼は、兄エゼルレッドと共に処々にデーンと戦い、負け戦を重ねながら、デーンを駆逐するなど到底不可能だということを、学んでいました。

もちろん彼は、どこかでデーンをぎゃふんといわせる大勝利が必要だということは、わかっていました。それがなければ彼らを支配しつつ共存するなんてことはできやしません。負けてばかりいてはだめなのです。しかし、これがなかなか勝てませんでした。とりわけ、八七一年は凄まじい年でした。デーンとの間で九回の戦闘がなされ、そのほとんどでウェセックス軍は苦杯をなめたのです。ただ、一度、久々の勝利がありました。アッシュダウンというところで行われた戦闘です。現在のイングランド南東部バークシャー州の、俗にバークシャー・ダウンと呼ばれる低地付近だろうといわれています。

この戦い、『アルフレッド大王伝』には面白い記述があります。ウェセックス軍はアルフレッドが率いる隊と、兄王エゼルレッドが率いる隊とに分かれて進軍します。戦場にはアルフレッドの方が先に着陣して、兄を待っているのですが、エゼルレッドは進軍を止めて神に一心不乱に祈り続け、なかなか到着しません。アルフレッドは、ならば自分の兵だけでデーンと戦おうと思ったところにようやく兄の部隊が到着、開戦となるのです。ここには神頼みの兄と、いまある力で状況を何とかきり開こうとする現実派のアルフレッドの対比が描かれていて、興味深いものがあります。

危機一髪、窮地を脱出

アッシュダウンでは勝ったものの、ウェセックス側の被害は甚大でした。たくさんの兵士が失われたのです。むろん、この戦いによってデーン人の攻勢を止めることはできず、続く戦闘の中、おそらくマートンの戦いで兄エゼルレッドは深く傷つき、間もなく没してしまいます。

いよいよアルフレッドが王になりました。しかし、王国は惨憺たる有様です。これまで支配していた他のアングロサクソン王国はすべてデーンに蹂躙《じゅうりん》されてしまいました。ウェセックス自体も半分以上デーンに占拠されています。これではどうにもなりません。よって、現実派のアルフレッドは、ここでデーンと取引します。お金を払って、ウェセックスから撤退してもらうことにしたのです。

デーン人は、圧倒的な兵力で相手の拠点を取り囲み、多額の和解金をもらって兵を引くという戦術をしばしばとりました。彼らも無用な人的消耗を避けたいのは同じで、現実的でした。交渉は成り、デーンは去りました。とりあえず、です。この、ウェセックスを去ったデーン軍が向かったのがマーシア本国であり、「マーシア王国」の章でお話した通り、彼らは歴代マーシア王の墓がある聖地レプトンを奪取し、国王バーグレッドはローマへと逃げ延びます。

デーンが他国を荒らしまわっている間、アルフレッドは自国の回復に努めました。考えてみれば戦い続きで、ウェセックスの人々もずいぶんあちこちに逃亡していました。対デーンのための従軍義務などで、もうへとへとだったのです。デーンの陣営に走る者も少なからずいました。強いほうに逃げれば安全なのは自明の理です。この章の始めの『万国新聞紙』で紹介したアルフレッド大王の記事に、人民が国を見捨ててデーン人のところに走るのを王が嘆いているところがありますが、このあたりの窮状を描写しているのでしょう。

とにかく国の再建が急務でした。が、そんな中、デーンがマーシア方面から戻ってきたのです。

デーン人を率いていたのは、グスルムという首長でした。真冬の急襲です。このとき、ウイルトシャーのチッペナムに王宮を構えていたアルフレッドは、わずかな兵と共に逃れました。本当に危機一髪だったらしく、アルフレッドは危うくデーンに捕まりそうになったともいわれています。八七八年、チッペナムはデーンの手に落ち、アルフレッドはサマセットの湿地帯のアセルニーのとある島に身を隠します。ちなみに、あの「パンを焦がした大王」の話は、このアセルニーに身を隠していた頃の話だとされています。

大一番のエディントン

けれども、アルフレッドの逆境はここまででした。彼はこのアセルニーを本拠に、形勢大逆転へ、布石《ふせき》を打ちます。翌春、彼はサマセット、ウイルトシャー、ハンプシャーの兵たちに召集をかけます。それまで、各地に散在していた兵は、王がどこにいるのか、無事なのかどうかもわからず息を潜めていたのですが、王の安全と所在がわかり、「エグバートの石」と呼ばれるところに続々と集まってきました。この「エグバートの石」が現在のどこなのか、正確にはわかりませんがおそらく王が隠れていたアセルニーの近くでしょう。

再び王の下に集結した兵士たちの士気は、かつてなく高まったと伝えられています。ウェセックス軍は、そこから戦いの場であるウイルトシャーのエディントンに向け進軍します。エディントンは、現在のイングランド南西部ウイルトシャーにある地です。ここでグスルム率いるデーン軍と乾坤一擲《けんこんいってき》の大いくさをするわけです。「吟遊詩人《ぎんゆう》のふりをしてデーン陣営にもぐりこみ、敵情を視察した大王の話」は、このエディントンの戦いにまつわるアルフレッドの伝説のようです。

さて、実際にアルフレッドが敵情視察した結果、採用したのかどうかは知りませんが、彼はかつてのローマ軍団の戦法でデーンとぶつかりました。整然と列をつくった歩兵がそれぞれの楯を並べて「楯の壁」をつくり、そのまま前進して敵に当たる戦術です。楯と楯の間からは槍が突き出され、敵を圧していきます。最前列の兵が倒れるとすぐ後列の兵が入れ替わり、壁は何ら崩れることなくひたすら敵を押していきます。ラッセル・クロウが主演した映画『グラディエーター』の冒頭部分で、ゲルマン人を相手にローマの重装歩兵が楯の壁を作って整然と前進していく大迫力シーンがあります。ああいうやり方だったものと思われます。

激突した両軍。アルフレッド軍の前進する楯の壁に、グスルム軍はどんどん押されていきます。激闘は一日中続いたといわれ、ついにデーン軍は夥《おびただ》しい屍体を残し退却します。アルフレッドは彼らを追い、チッペナムの城砦に逃げ込んだグスルム軍を完全包囲します。そして籠城《ろうじょう》十四日目、とうとうグスルムは音をあげ、全面降伏しました。見事な大勝利でした。アルフレッドはかねてから描いていた通り、ここぞという大一番でデーンを屈服させたのです。

戦いが終わって、グスルムとの間に協定が結ばれました。これにより、デーン人は「デーンロウ」地域へと戻ることになりました。画期的なことは、グスルムがキリスト教への改宗に同意したことでした。デーン人にとって初めてのことであり、これ以降、デーン人もアングロサクソン人と同じようにキリストの僕《しもべ》、つまり神のもとの兄弟ということに教義上なるわけです。しかも、グスルムに洗礼を施したのは、他ならぬアルフレッド自身でした。グスルムには屈辱でした。こうして改宗という精神的にも大きな枷《かせ》をはめられたデーン人は、アルフレッドの前に跪《ひざまず》いたのです。歴史的な出来事でした。

数年後、アルフレッドは再度グスルムと協定を結び、アングロサクソン側に有利な状況を広げていきます。一方でキリスト教は着実にデーン人社会に広がっていました。デーン人もいまやブリテン島の土を耕す農民として、新しいコミュニティを形成していたのです。

もちろん、これでデーンの脅威が完全に去ったのではありません。新たなデーン人集団の来襲の可能性は常にありました。ただ、アルフレッドが対デーン戦に勝利したことにより、平和の時間を確保したことは事実でした。その間にアルフレッドは、「アルフレッドの法典」を編纂したり、機動的な兵の運用ができるよう軍制を改革したり、デーンに対抗できるよう水軍を設けたり、行政組織を整備したりと、数々の変革をやり遂げました。こうして、統一イングランド王国への基礎が、彼の時代に固まったのです。

イングランドの統一

アルフレッドは八九九年にその偉大な生涯を終えますが、イングランド統一の遺業は後継者に受け継がれていきます。まず、アングロサクソン人の宿願だったデーンロウ地域の支配権の奪還はアルフレッドの息子のエドワード長兄王（Edward the Elder）と、エドワードの子アゼルスタン（Athelstan）によって成し遂げられます。

注目すべきはアゼルスタンです。彼は自らを公式文書で「イングランド王」と記しました。ついに、イングランド王国が歴史の表舞台にその姿を現したのです。そして、アゼルスタンの甥のエドガー平和王（Edgar the peaceful）が九五九年に王位につくと、いよいよイングランド王国は完成期を迎えるのです。

二十一世紀に続く七王国——エピローグ

精神性を深めた四百年間

ヘンギストとホルサが四四九年にブリテン島にやってきて以来、ケントのエゼルベルト、イーストアングリアのレドワルド、ノーサンブリアのエドウィン、マーシアのオッファ、そしてウェセックスのアルフレッド大王と、多くのヒーローを輩出し、英雄譚《たん》に彩られてきたアングロサクソンの七王国。その後半はデーン人との戦いの連続でした。まず、ノーサンブリアが破壊され、イーストアングリアが滅び、マーシアは被害甚大でウェセックスに併合されました。

唯一残ったウェセックスは、七王国の最後の砦《とりで》として、デーンと死闘を演じます。その過程で、ウェセックスは統一イングランド王国へと発展的に姿を変えていきました。この新しい大きな王国が登場した瞬間に、七王国時代と呼ばれたイギリス史の躍動感にあふれた蒼き時空間は消滅したのです。四百年間の、英雄たちの夢舞台でした。

この四百年はまた、アングロサクソン人自身を大きく変えさせる時間でもありました。その、彼らを変えさせた大きな要素の一つは、やはりキリスト教です。当初は蛮族そのもの、獰猛《どうもう》な侵略者としてブリテン島の歴史に登場してきたアングロサクソン人でしたが、キリスト教に改宗してからは、その荒々しい攻撃性は次第に影を潜め、やがては「受容」を信条とするこの教えの僕へと、その性格を次第に変えていったのです。

アングロサクソン人のこうした変容をよく示すものに、イーストアングリアの聖エドモンド王のエピソードがあります。

エドモンド王は九世紀のイーストアングリアの王であり、敬虔なキリスト教徒でした。そんな彼と彼の王国を、デーン人の「大異教徒軍団」が襲います。この大軍団を率いていたのがヒングァー（アイヴァともいう）とフッバの首領兄弟でした。二人はノーサンブリアを壊滅させ、その後フッバと分かれたヒングァーは南下してイーストアングリアに入り、エドモンド王に脅しをかけます。「王国中の財産を全て引き渡せ。そうすれば我らの支配のもとでの国王の地位は保障する」と。が、エドモンドは「たくさんのわが民や兵士がおまえたちのために斃(たお)れている。そんなことはできない。私が従うのは主イエス・キリストのみ」と要求をきっぱり拒否します。エドモンドは家臣をみな王宮から逃がします。
やがて王一人残った王宮にデーンの兵がなだれを打って侵入し、王を捕らえヒングァー
の前に連行して木に縛りつけます。そして、王めがけて矢を雨のように降らせるのです。
体中に矢を浴びながらもその間、エドモンドはキリストの名を呼び続けます。これに怒っ
たヒングァーは矢が刺さって「はりねずみ」のようになった王の首を切り、それを森の茂
みの中に投げつけ引きあげたのです。

普遍的ヒューマニズムへ

この話はベネディクト派の修道士で記録作家のエルフリック（九五五―一〇一七？）が著した『聖エドモンド』伝にあります。ここには一時王宮から逃れた家臣たちが王を探しに来るまで、狼が王の首を守っていたとか、棺に納めるため胴体に縫い合わされた首が驚いたことに見事にくっついて切断された形跡もないことなど、様々な奇跡も紹介されています。それらを信じていたら大変ですが、エドモンド王が敬虔なキリスト教徒であって、無抵抗状態で、デーン人によって殺害されたということはほぼ間違いないようです。

こうしてイーストアングリアは、エドモンド王の死と共に王国としての幕を閉じるので

すが、それにしてもイーストアングリアの幕をあけたのが、あの野性味あふれるエネルギッシュな「異教の王」レドワルドだったことを考えると、この王国の終わり方は、何とその始まりと対極にあることでしょう。およそ、ブリテン島に侵入してきた頃の猛々しいアングロサクソン人の性格からは考えられないある種、従容《しょうよう》としたエンディングです。

もちろん、エドモンド王がアングロサクソン人の全てを代表するのではないにしても、時として殉教《じゅんきょう》、自己犠牲さえいとわない深い精神性を身につけてきた彼らは、この四百年の間に確かに変わりました。アングロサクソンの七王国の時代は戦士や英雄たちの夢舞台であったのと同時に、侵略者・征服者としてブリトン人の上に君臨した彼らが、キリスト教的ヒューマニズムを獲得するに至る道筋でもあったのです。

むろん、こうした人々の精神性の深化は、アングロサクソン人だけでなくキリスト教の影響を受けた他のヨーロッパ地域でも同様に起こっていました。そしてこの、人々が得た新たな資質は、やがてはその母胎となったキリスト教という宗教的桎梏《しっこく》からも解放された普遍的なヒューマニズムへと育っていき、近代になって西欧に自由平等思想を開花させることに繋がっていくのです。

そういう意味で、アングロサクソンの七王国の時代にアングロサクソン人に起こったことは、中世に、近代に、そして現代に、人間精神の発展の中でしっかりと継承されているのです。

イギリスはアングロサクソンの国か

さて、本書ではアングロサクソン人がブリテン島を縦横に駆け回り大活躍した七王国時代を見てきたわけですが、何をいまさら、ことさらこの時代を引き合いに出してアングロサクソン人を強調しなくとも、イギリスがアングロサクソン人の国であるのは周知の事実ではないか、といわれる方もいらっしゃるでしょう。

確かに、そういわれればそうかもしれません。でも、ちょっと問題があります。実は「イギリスはアングロサクソン人の国」という表現は、正確ではありません。イギリスという、この日本独自の呼び方はとても曖昧です。私たちはこの言葉を大体がブリテン島全域、あるいはＵＫ（ユナイテッド・キングダム＝連合王国）を意味するものとして使っています。

このＵＫを構成するのは、イングランド、スコットランド、ウェールズそして北アイルランドであり、この四つの地域は彼《か》の国では歴史的経緯から、別々の「国」として認識されています。もっとも、国といってもこの四つはそれぞれに日本やアメリカのように国連に加盟しているわけではないのですが（イギリスはＵＫ、すなわちUnited Kingdom of Great Britain and Northern Irelandという「一国の名」で国連に加入しています）、とにかく我々日本人にはこのへんの事情がとてもわかりにくく、よって、スコットランドもウェールズもイングランドも北アイルランドも、日本人にとってはみなイギリスなのです。

従って話を戻すと、「イギリスはアングロサクソン人の国」という言い方は、より正しくは「イングランドはアングロサクソン人の国」というべきなのです。ただ、こんな細かなことを言う人はあまりいませんし、社会通念上「イギリスはアングロサクソン人の国である」ということで通ってしまっているわけです。

それでは、いまここで訂正した「イングランドはアングロサクソン人の国」という言い方で本当にいいのでしょうか。本書を通じ、読者の皆さんはブリテン島に侵入してきたアングロサクソン人が、先住民のブリトン人を追いまくり、彼らから奪った地域に七つの王国を建てたことを見てきました。イングランドという言葉は、アングル人の国＝Angles Landに由来するものだともすでに述べました。よって、イングランドという地域に、アングロサクソン人がいるのは当然です。

けれども、ブリトン人といったケルトの人たちは、アングロサクソン人に追われてブリテン島の西のウェールズや北のスコットランドに移動し、イングランドからすっかりいなくなってしまったということでは決してなかったのです。留まって後々までケルト色を強く残した地域もイングランドにはあります。ブリテン島南西部のコーンウォール地方は、コーンウォール語（Cornish）というケルトの言葉を今日まで伝えていることでよく知られた地域です。

むろん、アングロサクソン人に追われ、イングランドの地から逃げていったケルトの人々も多かったでしょう。ですが、この地でアングロサクソン人と共に暮らし、やがて融合していったケルトの人々は実は大勢いたのです。

全部で九十の法令よりなるケント王国の「エゼルベルト王の法典」には、人が殺されたとき加害者が被害者の一族に支払う賠償金、いわゆる人命金（wergeld）の額についての規定があり、そこにはアングロサクソン人以外の人々が殺された場合についても記されています。

それによると、アングロサクソン人の一般民が殺された場合、人命金は百シリングで（「エゼルベルト王の法典」二十一条）、一般民より低い身分の者は階層に応じて人命金が八十、六十、四十シリングの三クラスに分けられていました（同二十六条）。一般民より身分が低い人たちとは、一般民とブリトン人の混血、あるいはブリトン人といった人々をさします。シリングとは計算単位のことです。ケントの場合、シリングは金で換算されており、一シリング（正確には一シリング金）は牛一頭分に相当しました。

つまり、この「エゼルベルト王の法典」は、アングロサクソン人より身分は低いもののブリトン人やアングロサクソン人とブリトン人の混血といった人々を、社会を構成する一員として、法が庇護する対象に厳然と含んでいるのです。

このことからも、実際にはかなりのブリトン人がアングロサクソン人と同じ社会で暮らしていたのであって、やがては長い時の流れの間に双方の血は混じりあっていったものと考えることができるのです。

多彩な人が来たイングランド

また、血が混じりあっていったのは、ブリトン人だけではありません。イングランドは十一世紀初頭、新たなデーン人が侵略者・征服者としてやって来て、その結果クヌートを王としたデーン王朝が成立する事態にもなります。

極めつけは一〇六六年の「ノルマンの征服」です。これにより、イングランドは国王も、貴族も、上級聖職者も、フランス語を母語としヴァイキングをルーツとする滅法戦争に強いノルマン人という名の「フランス人」に、みな入れ替わってしまいました。国の公用語は英語からフランス語になり、王様もウイリアム（仏語でギヨーム）、ヘンリー（同アンリ）、リチャード（同リシャール）といった本来のアングロサクソン人にはない名前を持つ人ばかりになりました。

もっとも、人口の圧倒的多数は庶民でしたので、彼らは当然、英語を喋っていましたが。しかし、これ以後英仏百年戦争の中頃までの約三百年間、英語が国の公用語として使われることはありませんでした。

このあたりのこと、英語が再びイングランドの歴史の表舞台に戻ってくるまでのことはとても面白いのですが、それは別の機会に譲るとして、まとめてみればイングランドはアングロサクソン人ばかりではなく、ケルト人、デーン人、ノルマン人といった、それぞれに特徴のある民族が歴史を操った舞台でもあったということです。

七王国は今も活力の泉

そこで、先に提起した「イングランドはアングロサクソン人の国」という言い方は妥当かどうかということです。もちろん、この言い方は基本的に間違いではありません。ただ私は、「イングランドはブリテン島の中で、アングロサクソン人が多く住む国、というか地域であり、しかも歴史的に多彩な民族的要素を吸収し、その結果より重層的な社会構造を築いてきた魅力的なところ」である、と答えたいのです。長いですねえ。

ともあれ、時は過ぎ、二十一世紀初頭の現在。大まかに見てイングランドの総人口は約五千万人、ウェールズは約三百万人、スコットランドは約五百万人。ブリテン島の中でもイングランドの人口の多さが突出しています。この五千万人のイングランドを構成するのは、アングロサクソン人は言わずもがなですが、今日ではインド人、アラブ人、中国人、アフリカ系の人々、旧東欧の人たち、そしてロシア人など、新しい要素が多く加わっていて、それらがさらなる多様性とダイナミックな躍動感をこの地域にもたらしています。

とりわけ、ニューヨークほど人種の棲み分けがなく人々が渾然一体となって暮らし、また創造力あふれる才能が世界中から集い最先端のビジネスを牽引しているロンドンは、二十一世紀の推進力といっていいでしょう。

アングロサクソンの七王国は遥かな昔です。しかし、かつてのヒーローたちが繰り広げた数々の英雄譚は、いまもイングランドの人々を、いえイギリスと言ってしまいましょう。イギリスの人たちを支え、活力の泉となっているのです。

あとがき

中年留学生として、UCL（ユニバシティ・カレッジ・ロンドン）の史学科大学院に学んでいた頃です。エピローグでも触れた、古英語で書かれた『聖エドモンド』伝を学生たちが順番で訳し、ディスカッションをしていたことがありました。私が、切り落とされ森に放り投げられたエドモンド王の首が「ここだ、ここだ、ここだ」(Her! Her! Her!) と、王を探しに来た家臣たちに向かって叫ぶ場面のあたりを訳す番でした。で、そのように訳したところ、何だかおかしくなって思わず噴き出してしまったのです。そうしたら、他の学生たちも大爆笑。さらに担当の先生が「昔はいろんなことがあったもんだ」とフォローしたのでまたまた大爆笑、といったことがありました。

ロンドンでの楽しい思い出の一つですが、この『聖エドモンド』伝でもおわかりのように、アングロサクソンの七王国時代は、奇跡や伝説にあふれ、歴史と文学が混然一体となった、それゆえ魅力たっぷりの時代です。少なくとも、私にはそう思えます。

この、イギリス史の碧《あお》き時代は、ロンドン留学から帰ってきた私の書きたいテーマの一つにずっとなっていました。かれこれもう十年以上前に出した拙著『英国中世ブンガク入門』（勉誠出版）の中でも、私はアングロサクソン時代の文学を紹介しました。もしかしたら、読者の皆さんの中にも覚えている方がいらっしゃるかもしれませんね。ただ、このときはあくまでも文学という範疇《はんちゅう》の本の、しかもその中の一つの章に過ぎず、私にとってアングロサクソンの七王国時代全体をテーマとした作品を書き、世に出したいというのは長年の願いでした。

このたび、吉川弘文館の歴史文化ライブラリーの新たな一冊として本書が出版され、こんなに嬉しいことはありません。プロローグでも述べましたが、学術的な論文等を除き、一般読者向けにアングロサクソンの七王国の時代を本としてまとめたものは恐らくわが国では本書が最初でしょう。ご堪能いただけましたでしょうか。

本書を読まれて皆さんはお気づきになられたことと思います。エゼルベルトとか、エゼルフリッドとか、レドワルドとか、何と現在のイギリス人の名前とアングロサクソン時代のそれとは違っているのか、と。でも、これが本来のアングロサクソン人の名前なのです。

いつだったか、同じ王室ファミリーでも、チャールズやヘンリーよりも、エドワードといった名前の方にイギリス人は特別な感情を抱くという話を聞いたことがあります。チャールズ（シャルル）やヘンリー（アンリ）はフランス由来であり、エドワードはアングロサクソンの名前です。

ところで本書では、私は一貫して「アングロサクソン」と記してきましたが、この言葉は「アングロ・サクソン」や「アングロ＝サクソン」とも表記されます。いずれが正しいのかは、もともとこの言葉が英語であるため、その日本語表記ではあまり意味がありません（英語ではAnglo-Saxonと、ハイフンでつながれています）。学術的な文献では「アングロ＝サクソン」と書かれることが多いようですが、なぜ「＝」なのかはよくわかりません。私は、本書で頻繁にこの言葉を使っているため、「・」や「＝」付きだと目にうるさいと考え、少しでも読みやすいものにしたいという観点から、「アングロサクソン」としました。碩学《せきがく》からはご意見もあろうかと思われますが、どうかご理解ください。

本書は多数の方々のお力添えで、世に出すことができました。出版を快諾していただいた吉川弘文館編集部、相変わらずのご支援をいただいた恩師の國學院大學教授の鈴木靖民先生、日本におけるウェールズ学の権威で素晴らしき紳士であり続ける金城学院大学元教授の水谷宏先生、ロンドン留学時代からずっと私の精神的支柱となっているUCL英文科のリチャード・ノース教授と史学科のデイヴィッド・ダブレイ教授並びにギリシア&ラテン語学科のG・J・オーデリー教授、書き上げた原稿に真っ先に目を通し、的確かつきついアドバイスをいつもしてくれた妻、大学の図書館から父親のために文句を言いつつも洋書を借りてきてくれた娘、本書の原稿書きを傍らで見守っていてくれた天国にいるミニチュアダックスフントのルーシィ、そして二代目のおてんばナナ。みんなに感謝、です！

桜井俊彰

二〇一〇年八月

参考文献

〔外国語文献〕

Attenborough, F. L., trans.and ed., *The Laws of Earliest English Kings* (Llanerch Publishers, 2000)

Breeze, J. T., and Dobson, B., *Hadrian's Wall* (Penguin Books, 1987)

Blair, P. H., *An Introduction to Anglo-Saxon England* (Cambridge University Press, 1959)

Branston, Brian, *The Lost Gods of England* (Oxford University Press, 1974)

Campbell, J., John, E., Wormald, P., and Cambell, J., ed., *The Anglo-Saxons* (Penguin Books, 1982)

Crossley-Holland, Kevein, *The Anglo-Saxon World : An Anthology, Woodbridge, Suffolf* (Boydell and Brewer, 1982)

Davies, John, *A History of Wales* (Penguin Books, 1990)

Evans, A.C., *The Sutton Hoo Ship Burial* (London, British Museum Press, 1994)

Garmonsway, G.N., trans and intro., *The Anglo-Saxon Chronicle* (Everyman's Library, 1953)

Mcclure, Judith and Roger, Collins ed. and intro., *Bede : Ecclesiastical History of the English People* (Oxford University Press, 1994)

Mitchell, Bruce and Robinson, Fred C., *A Guide to Old English*, 5th ed. (Oxford, Blackwell Publishers Ltd, 1992)

Morris John, ed., *Nennius : British History and The Welsh Annals* (London and Chichester, Phillimore, 1980)

North, Richard, *Heathen Gods in Old English Literature* (Cambridge University Press. 1997)

Yorke, Barbara, *Kings and Kingdoms of Early Anglo-Saxon England* (Routledge, 1992)

〔日本語文献〕

アッサー、小田卓爾訳『アルフレッド大王伝』中公文庫、一九九五年

ジェフリー・オブ・モンマウス、瀬谷幸男訳『アーサー王ロマンス原拠の書　ブリタニア列王史』南雲堂フェニックス、二〇〇七年

ベーダ、長友栄三郎訳『イギリス教会史』創文社、一九六五年

桜井俊彰『英国中世ブンガク入門』勉誠出版、一九九九年

長埜盛訳『ベーオウルフ』吾妻書房、一九六六年

『万国新聞紙』（『幕末明治新聞全集』２　文久より慶応まで）世界文庫、一九七三年

水谷　宏『カムリの里に生きて―Bywyd Gefn Gwlad yng Nghymru―』日本ウェールズ語研究会、二〇〇二年

年表

年代	アングロサクソン各王国	ローマ、大陸
BC一世紀		カエサルのブリテン島侵攻（BC五五～五四）
AD一世紀		クラウディアヌス帝、ブリテン島侵攻（四三）
		コンスタンティヌス帝、キリスト教を公認（三一三）
		ローマ帝国東西に分裂（三九五）
四〇〇	〔ケント〕ヘンギストとホルサ、サネット島付近に上陸（四四九）	ローマ、ブリテン島より撤退（四一〇）
	＊エゼルスザレプの戦い（四五五）、ヘンギスト、ブリトン人を破る	西ゴート王国成立（四一八）
	＊クレクガンホルドの戦い（四五七）、ヘンギスト、ブリトン人を破る	ヴァンダル王国成立（四二九）
	〔ウェセックス〕セルディックとキンリックが上陸	西ローマ帝国滅亡（四七六）
		メロビング朝フランク王国成立（四八一）

年代	アングロサクソン各王国	ローマ、大陸
AD五〇〇	（四九四） ＊ウェセックス王国建国（六世紀初頭） 〔ノーサンブリア〕イッフィ、デイラ王に（六世紀前半） 〔ノーサンブリア〕アエラ、デイラ王に即位（五六〇） 〔ケント〕エゼルベルト即位（六世紀後半） ＊ウェセックスのケアウリン、ケントのエゼルベルトを破る（五六八） 〔イーストアングリア〕レドワルド即位（六世紀後半） 〔ノーサンブリア〕エゼルフリッド、バーニシア王に（五九二） 〔マーシア〕クレオダ死去、ピッバが王位を継承（五九三） 〔ケント〕エゼルベルト、アウグスティヌスによりキリスト教の洗礼を受ける（五九七）	東ゴート王国成立（四九三） ヴァンダル王国滅亡（五三四） 東ゴート王国滅亡（五五五） ランゴバルド王国成立（五六八） グレゴリウス（一世）、ローマ教皇となる（五九〇）
六〇〇	＊デグサスタンの戦い（六〇三）、エゼルフリッド、ダルリアド王アイダンを破る	

〔マーシア〕ピッバ死去（六〇六）、ケアルルが王位継承
〔ケント〕エゼルベルト死去、エアドバルト即位（六一六）
＊アイドル川の戦い（六一七）、レドワルド・エドウィン連合軍、エゼルフリッドを破る
〔ノーサンブリア〕エドウィン、ノーサンブリア王に即位（六一七）
〔イーストアングリア〕レドワルド死去（六二四あるいは六二五）、エアルプワルド即位
〔ケント〕エゼルベルガ、エドウィンと結婚（六二五）
〔マーシア〕ペンダ即位（六二六頃）
〔ノーサンブリア〕刺客エウメル、エドウィンを襲う（六二六）
〔ノーサンブリア〕エドウィン、キリスト教へ改宗（六二七）
＊ウェセックスのキネギルス、マーシアのペンダに敗北（六二八）
〔イーストアングリア〕エアルプワルド、キリスト教

ピピン一世（大ピピン、カロリング朝の始祖）、宮宰に就任（六二三）

年代	アングロサクソン各王国	ローマ、大陸
	に改宗（六三〇） ＊ハットフィールド・チェイスの戦い（六三三）、エドウィン死す ＊デニセスブルナの戦い（六三四）、オスワルド即位 〔ウェセックス〕キネギルス、キリスト教に改宗（六三五） 〔イーストアングリア〕シグベルト、エグリック、ペンダに殺される（六四〇頃） ＊マサーフェルスの戦い（六四二）、オスワルド死す 〔ノーサンブリア〕オスウィ、バーニシア王に即位（六四二） 〔ウェセックス〕ケンワルフ、イーストアングリアへ逃避（六四五） 〔イーストアングリア〕アンナ、ペンダに殺される（六五四） ＊ウィンウェド川の戦い（六五五）、バーニシアのオスウィ、イーストアングリアのエゼルへレとマーシアのペ	

AD七〇〇

ンダを破りノーサンブリア王に
〔マーシア〕ウルフヘレ、キリスト教に改宗（六五八）
〔ノーサンブリア〕オスウィ死去（六七〇）、エグフリッド即位
＊トレント川の戦い（六七九）、エグフリッド、マーシアのエゼルレッドに敗れる
〔ウェセックス〕イネ即位（六八八）
＊ベーダ、『イングランド人民の教会史』上梓（七三一）
〔マーシア〕オッファ即位（七五七）
〔マーシア〕オッファ、エセックスを併合（八世紀後半）
〔マーシア〕オッファ、サセックスを併合（七七一）
＊ベンシングトンの戦い（七七九）、オッファ、ウェセックスのキネウルフを破る
〔マーシア〕オッファ、ケントを宗主権下に（七八五以降）
〔マーシア〕オッファ、シャルルマーニュと外交関係をもつ（八世紀末）

ピピン二世（中ピピン）、全フランク王国の宰相に就任（六八七）
西ゴート王国滅亡（七一一）
カロリング朝フランク王国成立（七五一）
シャルルマーニュ、フランク国王に即位（七六八）
ランゴバルド王国滅亡（七七四）

年代	アングロサクソン各王国	ローマ、大陸
AD八〇〇	〔マーシア〕オッファ死去（七九六） 〔ウェセックス〕エグバート、フランクから帰国し即位（八〇二） 〔ウェセックス〕エグバート、ハンバー川の北と南に覇権を打ち立てる（八二九） ＊ヒングストン・ダウンの戦い（八三八）、エグバート、デーン人・ブリトン人連合軍を破る 〔ウェセックス〕エグバート死去（八三九）、エゼルウルフ王位を継承 〔ウェセックス〕エゼルバルド即位（八五五） 〔ウェセックス〕ケントを併合する（八五八） 〔ウェセックス〕エゼルベルト即位（八六〇） ＊デーン人の「大異教徒軍団」ブリテン島に来襲（八六五） ＊デーン人、ノーサンブリアを事実上壊滅（八六六） 〔ウェセックス〕エゼルレッド即位（八六六） ＊デーン人、エドモンド王を殺し、イーストアングリ	シャルルマーニュ、西ローマ皇帝として戴冠（八〇〇） フランク王国、東・西・中部に三分裂（八四三）

九〇〇	ア滅ぶ（八六九） ＊アッシュダウンの戦い（八七一） 〔ウェセックス〕アルフレッド即位（八七一） ＊デーン人、マーシアのレプトンで越冬（八七四） ＊エディントンの戦い（八七八）、アルフレッド、デーン人に大勝 ＊『アングロサクソン年代記』編纂始まる（九世紀末） 〔ウェセックス〕アルフレッド死去（八九九）、エドワード長兄王即位 〔ウェセックス〕アゼルスタン即位（九二四）、自らを公式文書で「イングランド王」と記す	神聖ローマ帝国成立（九六二）

著者紹介
一九五二年に生まれる（東京都出身）
一九七五年、國學院大學文学部史学科卒業
一九九七年、ロンドン大学ユニバシティ・カレッジ・ロンドン（UCL）史学科大学院中世学専攻修士課程（M.A. in Medieval Studies）修了
現在、歴史家、エッセイスト

主要著書
イングランド王国と闘った男―ジェラルド・オブ・ウェールズの時代―　消えたイングランド王国　物語ウェールズ抗戦史―ケルトの民とアーサー王伝説―　長州ファイブ―サムライたちの倫敦―

歴史文化ライブラリー
308

イングランド王国前史
アングロサクソン七王国物語

二〇一〇年（平成二十二）十一月一日　第一刷発行
二〇二一年（令和　三　）四月一日　第二刷発行

著　者　桜《さくら》井《い》俊《とし》彰《あき》
発行者　吉川道郎
発行所　株式会社　吉川弘文館
東京都文京区本郷七丁目二番八号
郵便番号一一三―〇〇三三
電話〇三―三八一三―九一五一〈代表〉
振替口座〇〇一〇〇―五―二四四
http://www.yoshikawa-k.co.jp/
印刷＝株式会社 平文社
製本＝ナショナル製本協同組合
装幀＝清水良洋・黒瀬章夫

ISBN978-4-642-05708-0

歴史文化ライブラリー

1996.10

刊行のことば

現今の日本および国際社会は、さまざまな面で大変動の時代を迎えておりますが、近づきつつある二十一世紀は人類史の到達点として、物質的な繁栄のみならず文化や自然・社会環境を謳歌できる平和な社会でなければなりません。しかしながら高度成長・技術革新にともなう急激な変貌は「自己本位な刹那主義」の風潮を生みだし、先人が築いてきた歴史や文化に学ぶ余裕もなく、いまだ明るい人類の将来が展望できていないようにも見えます。このような状況を踏まえ、よりよい二十一世紀社会を築くために、人類誕生から現在に至る「人類の遺産・教訓」としてのあらゆる分野の歴史と文化を「歴史文化ライブラリー」として刊行することといたしました。

小社は、安政四年（一八五七）の創業以来、一貫して歴史学を中心とした専門出版社として書籍を刊行しつづけてまいりました。その経験を生かし、学問成果にもとづいた本叢書を刊行し社会的要請に応えて行きたいと考えております。

現代は、マスメディアが発達した高度情報化社会といわれますが、私どもはあくまでも活字を主体とした出版こそ、ものの本質を考える基礎と信じ、本叢書をとおして社会に訴えてまいりたいと思います。これから生まれでる一冊一冊が、それぞれの読者を知的冒険の旅へと誘い、希望に満ちた人類の未来を構築する糧となれば幸いです。

吉川弘文館

歴史文化ライブラリー

世界史

神々と人間のエジプト神話 魔法・冒険・復讐の物語――大城道則
中国古代の貨幣 お金をめぐる人びとと暮らし――柿沼陽平
渤海国とは何か――古畑　徹
古代の琉球弧と東アジア――山里純一
アジアのなかの琉球王国――高良倉吉
琉球国の滅亡とハワイ移民――鳥越皓之
イングランド王国前史 アングロサクソン七王国物語――桜井俊彰
フランスの中世社会 王と貴族たちの軌跡――渡辺節夫
ヒトラーのニュルンベルク 第三帝国の光と闇――芝　健介
人権の思想史――浜林正夫

考古学

タネをまく縄文人 最新科学が覆す農耕の起源――小畑弘己
老人と子供の考古学――山田康弘
顔の考古学 異形の精神史――設楽博己
〈新〉弥生時代 五〇〇年早かった水田稲作――藤尾慎一郎
文明に抗した弥生の人びと――寺前直人
樹木と暮らす古代人 木製品が語る弥生・古墳時代――樋上　昇
古　墳――土生田純之
東国から読み解く古墳時代――若狭　徹
埋葬からみた古墳時代 女性・親族・王権――清家　章
神と死者の考古学 古代のまつりと信仰――笹生　衛
土木技術の古代史――青木　敬
国分寺の誕生 古代日本の国家プロジェクト――須田　勉
東大寺の考古学 よみがえる天平の大伽藍――鶴見泰寿
海底に眠る蒙古襲来 水中考古学の挑戦――池田榮史
銭の考古学――鈴木公雄
ものがたる近世琉球 喫煙・園芸・豚飼育の考古学――石井龍太

古代史

邪馬台国の滅亡 大和王権の征服戦争――若井敏明
日本語の誕生 古代の文字と表記――沖森卓也
日本国号の歴史――小林敏男
日本神話を語ろう イザナキ・イザナミの物語――中村修也
六国史以前 日本書紀への道のり――関根　淳
東アジアの日本書紀 歴史書の誕生――遠藤慶太
〈聖徳太子〉の誕生――大山誠一
倭国と渡来人 交錯する「内」と「外」――田中史生
大和の豪族と渡来人 葛城・蘇我氏と大伴・物部氏――加藤謙吉

歴史文化ライブラリー

白村江の真実 新羅王・金春秋の策略——中村修也
よみがえる古代山城 国際戦争と防衛ライン——向井一雄
よみがえる古代の港 古地形を復元する——石村 智
古代豪族と武士の誕生——森 公章
飛鳥の宮と藤原京 よみがえる古代王宮——林部 均
出雲国誕生——大橋泰夫
古代出雲——前田晴人
古代の皇位継承 天武系皇統は実在したか——遠山美都男
古代天皇家の婚姻戦略——荒木敏夫
壬申の乱を読み解く——早川万年
戸籍が語る古代の家族——今津勝紀
地方官人たちの古代史 律令国家を支えた人びと——中村順昭
古代の都はどうつくられたか 中国・日本・朝鮮・渤海——吉田 歓
平城京に暮らす 天平びとの泣き笑い——馬場 基
平城京の住宅事情 貴族はどこに住んだのか——近江俊秀
すべての道は平城京へ 古代国家の〈支配の道〉——市 大樹
都はなぜ移るのか 遷都の古代史——仁藤敦史
聖武天皇が造った都 難波宮・恭仁宮・紫香楽宮——小笠原好彦
天皇側近たちの奈良時代——十川陽一
藤原仲麻呂と道鏡 ゆらぐ奈良朝の政治体制——鷺森浩幸
悲運の遣唐僧 円載の数奇な生涯——佐伯有清
遣唐使の見た中国——古瀬奈津子
古代の女性官僚 女官の出世・結婚・引退——伊集院葉子
〈謀反〉の古代史 平安朝の政治改革——春名宏昭
平安朝 女性のライフサイクル——服藤早苗
平安貴族の住まい 寝殿造から読み直す日本住宅史——藤田勝也
平安京のニオイ——安田政彦
平安京の災害史 都市の危機と再生——北村優季
平安京はいらなかった 古代の夢を喰らう中世——桃崎有一郎
天台仏教と平安朝文人——後藤昭雄
天神様の正体 菅原道真の生涯——森 公章
平将門の乱を読み解く——木村茂光
藤原摂関家の誕生 平安時代史の扉——米田雄介
安倍晴明 陰陽師たちの平安時代——繁田信一
平安時代の死刑 なぜ避けられたのか——戸川 点
古代の神社と神職 神をまつる人びと——加瀬直弥
古代の食生活 食べる・働く・暮らす——吉野秋二
大地の古代史 土地の生命力を信じた人びと——三谷芳幸

歴史文化ライブラリー

時間の古代史 霊鬼の夜、秩序の昼——三宅和朗

中世史

列島を翔ける平安武士 九州・京都・東国——野口 実

源氏と坂東武士——野口 実

敗者たちの中世争乱 年号から読み解く——関 幸彦

平氏が語る源平争乱——永井 晋

熊谷直実 中世武士の生き方——高橋 修

中世武士 畠山重忠 秩父平氏の嫡流——清水 亮

頼朝と街道 鎌倉政権の東国支配——木村茂光

大道 鎌倉時代の幹線道路——岡 陽一郎

仏都鎌倉の一五〇年——今井雅晴

鎌倉北条氏の興亡——奥富敬之

三浦一族の中世——高橋秀樹

伊達一族の中世 「独眼龍」以前——伊藤喜良

弓矢と刀剣 中世合戦の実像——近藤好和

その後の東国武士団 源平合戦以後——関 幸彦

荒ぶるスサノヲ、七変化 〈中世神話〉の世界——斎藤英喜

曽我物語の史実と虚構——坂井孝一

鎌倉浄土教の先駆者 法然——中井真孝

親 鸞——平松令三

親鸞と歎異抄——今井雅晴

畜生・餓鬼・地獄の中世仏教史 因果応報と悪道——生駒哲郎

神や仏に出会う時 中世びとの信仰と絆——大喜直彦

神仏と中世人 宗教をめぐるホンネとタテマエ——衣川 仁

神風の武士像 蒙古合戦の真実——関 幸彦

鎌倉幕府の滅亡——細川重男

足利尊氏と直義 京の夢、鎌倉の夢——峰岸純夫

高 師直 室町新秩序の創造者——亀田俊和

新田一族の中世 「武家の棟梁」への道——田中大喜

皇位継承の中世史 血統をめぐる政治と内乱——佐伯智広

地獄を二度も見た天皇 光厳院——飯倉晴武

東国の南北朝動乱 北畠親房と国人——伊藤喜良

南朝の真実 忠臣という幻想——亀田俊和

中世の巨大地震——矢田俊文

大飢饉、室町社会を襲う！——清水克行

中世の富と権力 寄進する人びと——湯浅治久

出雲の中世 地域と国家のはざま——佐伯徳哉

中世武士の城——齋藤慎一

歴史文化ライブラリー

戦国の城の一生 つくる・壊す・蘇る——竹井英文
武田信玄——平山　優
徳川家康と武田氏 信玄・勝頼との十四年戦争——本多隆成
戦国大名毛利家の英才教育 元就・隆元・輝元と妻たち——五條小枝子
戦国大名の兵粮事情——久保健一郎
戦乱の中の情報伝達 使者がつなぐ中世京都と在地——酒井紀美
戦国時代の足利将軍——山田康弘
室町将軍の御台所 日野康子・重子・富子——田端泰子
名前と権力の中世史 室町将軍の朝廷戦略——水野智之
摂関家の中世 藤原道長から豊臣秀吉まで——樋口健太郎
戦国貴族の生き残り戦略——岡野友彦
鉄砲と戦国合戦——宇田川武久
検証 長篠合戦——平山　優
織田信長と戦国の村 天下統一のための近江支配——深谷幸治
検証 本能寺の変——谷口克広
明智光秀の生涯——諏訪勝則
加藤清正 朝鮮侵略の実像——北島万次
落日の豊臣政権 秀吉の憂鬱、不穏な京都——河内将芳
豊臣秀頼——福田千鶴
ザビエルの同伴者 アンジロー 戦国時代の国際人——岸野　久
イエズス会がみた「日本国王」 天皇・将軍・信長・秀吉——松本和也
海賊たちの中世——金谷匡人
アジアのなかの戦国大名 西国の群雄と経営戦略——鹿毛敏夫
琉球王国と戦国大名 島津侵入までの半世紀——黒嶋　敏
天下統一とシルバーラッシュ 銀と戦国の流通革命——本多博之

近世史

細川忠利 ポスト戦国世代の国づくり——稲葉継陽
家老の忠義 大名細川家存続の秘訣——林　千寿
江戸の政権交代と武家屋敷——岩本　馨
江戸の町奉行——南　和男
江戸御留守居役 近世の外交官——笠谷和比古
大名行列を解剖する 江戸の人材派遣——根岸茂夫
江戸大名の本家と分家——野口朋隆
〈甲賀忍者〉の実像——藤田和敏
江戸の武家名鑑 武鑑と出版競争——藤實久美子
江戸の出版統制 弾圧に翻弄された戯作者たち——佐藤至子
武士という身分 城下町萩の大名家臣団——森下　徹
旗本・御家人の就職事情——山本英貴

歴史文化ライブラリー

武士の奉公　本音と建前 江戸時代の出世と処世術――高野信治
宮中のシェフ、鶴をさばく 江戸時代の朝廷と庖丁道――西村慎太郎
犬と鷹の江戸時代 〈犬公方〉綱吉と〈鷹将軍〉吉宗――根崎光男
紀州藩主　徳川吉宗 明君伝説・宝永地震・隠密御用――藤本清二郎
近世の巨大地震――矢田俊文
江戸時代の孝行者 「孝義録」の世界――菅野則子
死者のはたらきと江戸時代 遺訓・家訓・辞世――深谷克己
近世の百姓世界――白川部達夫
闘いを記憶する百姓たち 江戸時代の裁判学習帳――八鍬友広
江戸時代の瀬戸内海交通――倉地克直
江戸のパスポート 旅の不安はどう解消されたか――柴田　純
江戸の捨て子たち その肖像――沢山美果子
江戸の乳と子ども いのちをつなぐ――沢山美果子
エトロフ島 つくられた国境――菊池勇夫
江戸時代の医師修業 学問・学統・遊学――海原　亮
江戸幕府の日本地図 国絵図・城絵図・日本図――川村博忠
江戸の地図屋さん 販売競争の舞台裏――俵　元昭
踏絵を踏んだキリシタン――安高啓明
墓石が語る江戸時代 大名・庶民の墓事情――関根達人
石に刻まれた江戸時代 無縁・遊女・北前船――関根達人
近世の仏教 華ひらく思想と文化――末木文美士
松陰の本棚 幕末志士たちの読書ネットワーク――桐原健真
龍馬暗殺――桐野作人
日本の開国と多摩 生糸・農兵・武州一揆――藤田　覚
幕末の世直し　万人の戦争状態――須田　努
幕末の海軍 明治維新への航跡――神谷大介
海辺を行き交うお触れ書き 浦触の語る徳川情報網――水本邦彦
江戸の海外情報ネットワーク――岩下哲典

近・現代史

江戸無血開城 本当の功労者は誰か？――岩下哲典
五稜郭の戦い 蝦夷地の終焉――菊池勇夫
水戸学と明治維新――吉田俊純
大久保利通と明治維新――佐々木　克
刀の明治維新 「帯刀」は武士の特権か？――尾脇秀和
維新政府の密偵たち 御庭番と警察のあいだ――大日方純夫
京都に残った公家たち 華族の近代――刑部芳則
文明開化　失われた風俗――百瀬　響
西南戦争 戦争の大義と動員される民衆――猪飼隆明

歴史文化ライブラリー

大久保利通と東アジア 国家構想と外交戦略――勝田政治
明治の政治家と信仰 クリスチャン民権家の肖像――小川原正道
文明開化と差別――今西 一
大元帥と皇族軍人 明治編――小田部雄次
皇居の近現代史 開かれた皇室像の誕生――河西秀哉
日本赤十字社と皇室 博愛か報国か――小菅信子
神都物語 伊勢神宮の近現代史――ジョン・ブリーン
陸軍参謀 川上操六 日清戦争の作戦指導者――大澤博明
日清・日露戦争と写真報道 戦場を駆ける写真師たち――井上祐子
公園の誕生――小野良平
啄木短歌に時代を読む――近藤典彦
鉄道忌避伝説の謎 汽車が来た町、来なかった町――青木栄一
軍隊を誘致せよ 陸海軍と都市形成――松下孝昭
お米と食の近代史――大豆生田 稔
日本酒の近現代史 酒造地の誕生――鈴木芳行
失業と救済の近代史――加瀬和俊
近代日本の就職難物語 「高等遊民」になるけれど――町田祐一
選挙違反の歴史 ウラからみた日本の一〇〇年――季武嘉也
海外観光旅行の誕生――有山輝雄
関東大震災と戒厳令――松尾章一
難民たちの日中戦争 戦火に奪われた日常――芳井研一
昭和天皇とスポーツ 〈玉体〉の近代史――坂上康博
大元帥と皇族軍人 大正・昭和編――小田部雄次
昭和陸軍と政治 「統帥権」というジレンマ――高杉洋平
海軍将校たちの太平洋戦争――手嶋泰伸
松岡洋右と日米開戦 大衆政治家の功と罪――服部 聡
稲の大東亜共栄圏 帝国日本の〈緑の革命〉――藤原辰史
地図から消えた島々 幻の日本領と南洋探検家たち――長谷川亮一
自由主義は戦争を止められるのか 芦田均・清沢洌・石橋湛山――上田美和
モダン・ライフと戦争 スクリーンのなかの女性たち――宜野座菜央見
彫刻と戦争の近代――平瀬礼太
軍用機の誕生 日本軍の航空戦略と技術開発――水沢 光
首都防空網と〈空都〉多摩――鈴木芳行
帝都防衛 戦争・災害・テロ――土田宏成
陸軍登戸研究所と謀略戦 科学者たちの戦争――渡辺賢二
帝国日本の技術者たち――沢井 実
〈いのち〉をめぐる近代史 堕胎から人工妊娠中絶へ――岩田重則
強制された健康 日本ファシズム下の生命と身体――藤野 豊

歴史文化ライブラリー

- 戦争とハンセン病——藤野 豊
- 「自由の国」の報道統制 大戦下の日系ジャーナリズム——水野剛也
- 海外戦没者の戦後史 遺骨帰還と慰霊——浜井和史
- 学徒出陣 戦争と青春——蜷川壽惠
- 特攻隊の〈故郷〉 霞ヶ浦・筑波山・北浦・鹿島灘——伊藤純郎
- 沖縄戦 強制された「集団自決」——林 博史
- 陸軍中野学校と沖縄戦 知られざる少年兵「護郷隊」——川満 彰
- 沖縄からの本土爆撃 米軍出撃基地の誕生——林 博史
- 原爆ドーム 物産陳列館から広島平和記念碑へ——頴原澄子
- 米軍基地の歴史 世界ネットワークの形成と展開——林 博史
- 沖縄米軍基地全史——野添文彬
- 沖縄 占領下を生き抜く 軍用地・通貨・毒ガス——川平成雄
- 考証 東京裁判 戦争と戦後を読み解く——宇田川幸大
- 昭和天皇退位論のゆくえ——冨永 望
- ふたつの憲法と日本人 戦前・戦後の憲法観——川口暁弘
- 戦後文学のみた〈高度成長〉——伊藤正直
- 首都改造 東京の再開発と都市政治——源川真希
- 鯨を生きる 鯨人の個人史・鯨食の同時代史——赤嶺 淳
- 文化財報道と新聞記者——中村俊介

文化史・誌

- 落書きに歴史をよむ——三上喜孝
- 霊場の思想——佐藤弘夫
- 跋扈《ばっこ》する怨霊 祟りと鎮魂の日本史——山田雄司
- 将門伝説の歴史——樋口州男
- 藤原鎌足、時空をかける 変身と再生の日本史——黒田 智
- 変貌する清盛 『平家物語』を書きかえる——樋口大祐
- 空海の文字とことば——岸田知子
- 日本禅宗の伝説と歴史——中尾良信
- 殺生と往生のあいだ 中世仏教と民衆生活——苅米一志
- 浦島太郎の日本史——三舟隆之
- 〈ものまね〉の歴史 仏教・笑い・芸能——石井公成
- 戒名のはなし——藤井正雄
- 墓と葬送のゆくえ——森 謙二
- 運 慶 その人と芸術——副島弘道
- ほとけを造った人びと 止利仏師から運慶・快慶まで——根立研介
- 祇園祭 祝祭の京都——川嶋將生
- 洛中洛外図屏風 つくられた〈京都〉を読み解く——小島道裕
- 化粧の日本史 美意識の移りかわり——山村博美

歴史文化ライブラリー

乱舞の中世 白拍子・乱拍子・猿楽 ― 沖本幸子
神社の本殿 建築にみる神の空間 ― 三浦正幸
古建築を復元する 過去と現在の架け橋 ― 海野 聡
大工道具の文明史 日本・中国・ヨーロッパの建築技術 ― 渡邉 晶
苗字と名前の歴史 ― 坂田 聡
日本人の姓・苗字・名前 人名に刻まれた歴史 ― 大藤 修
大相撲行司の世界 ― 根間弘海
日本料理の歴史 ― 熊倉功夫
日本の味 醤油の歴史 ― 林 玲子・天野雅敏 編
中世の喫茶文化 儀礼の茶から「茶の湯」へ ― 橋本素子
香道の文化史 ― 本間洋子
天皇の音楽史 古代・中世の帝王学 ― 豊永聡美
流行歌の誕生 「カチューシャの唄」とその時代 ― 永嶺重敏
話し言葉の日本史 ― 野村剛史
柳宗悦と民藝の現在 ― 松井 健
遊牧という文化 移動の生活戦略 ― 松井 健
マザーグースと日本人 ― 鷲津名都江
たたら製鉄の歴史 ― 角田徳幸
金属が語る日本史 銭貨・日本刀・鉄炮 ― 齋藤 努
書物と権力 中世文化の政治学 ― 前田雅之
書物に魅せられた英国人 フランク・ホーレーと日本文化 ― 横山 學
災害復興の日本史 ― 安田政彦

民俗学・人類学

日本人の誕生 人類はるかなる旅 ― 埴原和郎
倭人への道 人骨の謎を追って ― 中橋孝博
神々の原像 祭祀の小宇宙 ― 新谷尚紀
役行者と修験道の歴史 ― 宮家 準
幽霊 近世都市が生み出した化物 ― 髙岡弘幸
雑穀を旅する ― 増田昭子
川は誰のものか 人と環境の民俗学 ― 菅 豊
名づけの民俗学 地名・人名はどう命名されてきたか ― 田中宣一
番と衆 日本社会の東と西 ― 福田アジオ
記憶すること・記録すること 聞き書き論ノート ― 香月洋一郎
番茶と日本人 ― 中村羊一郎
柳田国男 その生涯と思想 ― 川田 稔

各冊一七〇〇円～二〇〇〇円（いずれも税別）
▽残部僅少の書目も掲載してあります。品切の節はご容赦下さい。
▽品切書目の一部について、オンデマンド版の販売も開始しました。
詳しくは出版図書目録、または小社ホームページをご覧下さい。